KUWEI
酷威文化
图书　影视

拿破仑不是矮子

[英] 安德里亚·巴勒姆　著

吴文南　译

四川文艺出版社

图书在版编目（CIP）数据

拿破仑不是矮子 / (英) 安德里亚·巴勒姆著；吴文南译. – 成都：

四川文艺出版社, 2017.7（2019.1重印）

ISBN 978-7-5411-4728-9

Ⅰ.①拿… Ⅱ.①安…②吴… Ⅲ.①世界史—通俗读物

Ⅳ.①K109

中国版本图书馆CIP数据核字(2017)第162408号

图进字：21-2017-486

NAPOLUN BUSHI AIZI

拿破仑不是矮子

[英] 安德里亚·巴勒姆 著

吴文南 译

出 品 人	刘运东
特约监制	肖 恋
特约策划	肖 恋
责任编辑	谭 黎 周 轶
特约编辑	郑淑宁
封面设计	朴 而 QQ:450611716

出版发行	四川文艺出版社（成都市槐树街2号）
网 址	www.scwys.com
电 话	028-86259287（发行部） 028-86259303（编辑部）
传 真	028-86259306

邮购地址	成都市槐树街2号四川文艺出版社邮购部 610031
印 刷	三河市海新印务有限公司
成品尺寸	145mm×210mm 1/32
印 张	7	字 数	150千字
版 次	2017年8月第一版	印 次	2019年1月第二次印刷
书 号	ISBN 978-7-5411-4728-9		
定 价	38.00元		

前　言

　　．

　　我最近浏览的一本历史书这样写道，布狄卡女王作战时驾驶着卷镰战车（事实并非如此）；基督徒被丢进古罗马圆形大剧场（即罗马斗兽场）的狮群之中遭其啃食（事实也并非如此）。在英国广播公司电视台制作的《少年智多星》节目中，小朋友们被告知，"据说"沃尔特·雷利爵士从新世界带回了土豆和烟草（雷利从未去过北美洲）。

　　诸如此类的杜撰已深植于我们每个人的脑海中，尽管"据说"的事情从未发生，它们却成了历史的一部分。本书共列举了人们的70多个谬误，本人力图为读者揭示其真相，借此希望"据说史"被永远遗忘在垃圾桶中。为什么要不断重复错误呢？毕竟，这本来是政客们的事情。

安德里亚·巴勒姆

目 录

C O N T E N T S

※ ※ ※

第 1 章

不同寻常的古人

NAPOLEON WASN'T SHORT

维京人的角盔

如今，如果你选择在化装舞会上扮成维京人，那么角盔一定是必不可少的道具。的确，在人们的描述中，北欧神话里的女武神瓦尔基里（Valkyrie）和瓦格纳歌剧《尼伯龙根的指环》的女主角布琳希德（Brünnhilde）一直是头戴角盔的。即便在连载漫画《恐怖的夏甲》（*Hagar the Horrible*）中，维京人夏甲也总是戴着角盔。尽管两角头盔深受人们喜爱，但是人们对角盔所属时代的判断却存在明显的错误。

在《维京人的世界》（*The Viking World*）一书中，詹姆斯·格雷厄姆-坎贝尔（James Graham-Campbell）明确指出，维京人的头盔"并没有角"。《维京人及其起源》（*Vikings and Their Origins*）一书的作者克里斯·韦伯斯特（Chris Webster）认为，尽管在一些图画中，维京人都会头戴角盔或翼盔，"但是从未（在现实中）发现此类头盔"。他还补充道，"比较贫穷的武士一般只戴锥形头盔，或者仅仅是一顶皮帽"。《维京人》（*The Vikings*）一书认为，人们之所以会有这种错误认识，部分是因为"早期古文物研究者对出土文物所属时代的错误判断"，部分是因为"对为奥丁献身的武士的描写比较粗糙"。韦伯斯特认

维京人

为，在人们的描述中，渡鸦（奥丁之鸟）一般栖于武士的头盔之上，双翼展开，"从左至右围成一个圆圈"。因此，渡鸦的双翼"很容易被误认为是头盔的角，特别是从侧面看时，一般是看不出渡鸦的头的"。

不过，在维京时期之前的北欧，角盔确实存在。A. F. 哈丁（A. F. Harding）撰写的《青铜时代的欧洲》（*European Societies in the Bronze Age*）一书中就收录了一张照片，照片中展示了两顶精致的青铜角盔。这两顶角盔出土于丹麦西兰岛的韦克瑟，现存于哥本哈根的丹麦国家博物馆。角盔的角弯曲而细长，长度是头盔的两倍。这种角盔有可能是仪式上使用的道具。要是每天都要戴照片上的这种角盔，看起来真不是件容易的事。青铜时代结束于公元前 1000 年，维京时代则始于公元 9 世纪，这之间相差了近 2000 年。毫无疑问，在维京人看来，这种角盔已经十分过时了，这显然不是最时髦的打扮。

请记住，下一次别人要你扮成维京人时，你完全没有必要戴上角盔。这样，在搭乘公共交通工具时就不会遇到什么麻烦了。

所有角斗士均为男性

角斗士（gladiator）一词的阴性形式为"gladiatrix"。这个词的存在说明历史上是存在女性角斗士的。女性角斗士一般来自上流社会，想要通过这种形式寻求刺激。斯蒂芬·威兹德姆（Stephen Wisdom）在《罗马角斗士：公元前 100-公元 200 年》（*Gladiators: 100 BC-AD 200*）一书中写道，罗马作家佩特罗尼乌斯·阿尔比特（Petronius Arbiter）就曾提及一位来自元老阶层（统治阶级）的女性，这位女性"以女角斗士的身份参与角斗"。女角斗士并不普遍，其存在只是偶然现象。生于公元 1 世纪晚期的罗马编年史家苏维托尼乌斯（Suetonius）曾撰写《图密善传》（*Life of Domitian*）一书，在该书中苏维托尼乌斯描述了图密善皇帝举办的"夜间打着火把的剑斗士角斗表演，参赛者不仅有男人，而且还有女人"[1]。罗马讽刺诗人尤维纳利斯（Juvenal）对女性参与角斗这种想法大为震惊。在《讽刺诗六：女性之道》（*Satire VI: The Ways of Women*）一诗中，尤维纳利斯质疑道，"头戴钢盔，掩盖自己与生俱来的性别，这样一个女人又怎能高贵"。罗马历史学家卡西乌斯·狄奥（Cassius Dio）于一个世纪后撰写了《罗马史》（*Roman History*）一书，在该书中，狄奥记录了尼禄皇

女角斗士

---

1 这句话出自《罗马十二帝王传》，苏维托尼乌斯著，张竹明、王乃新等译，商务印书馆，1995 年，第 327 页（译者注，若无特殊说明，均为译者注，下同）。

帝（Emperor Nero）举行的一次花费不菲的节日庆典，其中一些女性"或是自愿，或是被迫地以角斗士的身份参与角斗"。狄奥不甚关心此种残暴行径，只是评论道，"任何有点儿理智的人都会哀叹……这种挥霍无度地花钱"。提图斯皇帝（Emperor Titus）举行的节日庆典也不受人待见，"9000 只无论是驯养还是野生的动物都惨遭杀戮，而妇女们（不过并不是贵族妇女）也加入了屠杀的队伍"。

威兹德姆表示，大英博物馆收藏了一块刻有两位女角斗士的大理石浮雕。根据浮雕的碑文内容，其中一位女角斗士的艺名为亚马逊（Amazonia）。威兹德姆认为，尽管在竞技场上，角斗士经常被砍得遍体鳞伤，但是"为保护公众感情，公众一般看不到袒胸露乳的女角斗士"。他进一步解释说，根据一些资料，女角斗士一般使用绷带裹胸，后来则穿戴"斯特罗费姆（strophium）"，这是一种缠胸的饰带，相当于罗马时期的运动文胸。

女性一直被禁止参加角斗。《角斗士：电影和历史》（*Gladiator: Film and History*）一书提到，在公元 19 年，曾颁布过一项被称为"拉瑞纳斯碑（Tabula Larinas）"的诏书，"只允许年龄小于 20 且非自由身的女性……自愿……参与角斗竞技"。之所以颁布这样的法令，并不是因为角斗是一项危险的竞技活动，而是人们认为出身高贵的罗马人在竞技场厮杀并不体面。

公元 3 世纪时，塞普蒂米乌斯·塞维鲁皇帝（Emperor Septimius Severus）完全禁止了女性参与角斗竞技。根据艾莉森·弗特勒尔（Alison Futrell）在其著作《罗马游戏》（*The Roman Games*）中的解释，塞维鲁皇帝发现观众们对"出身高贵的女性出言不逊"。观看成百上千的动物和囚犯被屠杀是一回事，但是推测一位出身高贵的女性的啪啪能力又是另外一回事了！

埃及金字塔由奴隶修建而成

埃及金字塔是古代文明的七大奇迹之一，让一代又一代人为之神往。生活于公元前 5 世纪的希腊历史学家希罗多德（Herodotus）是第一个提出金字塔是由埃及奴隶修建而成的人。希罗多德在其著作《历史》（第二卷）（*Histories, Book II*）中讲述了奇阿普斯国王（King Cheops，即胡夫法老，Khufu）的故事。奇阿普斯国王是一位生活于公元前 26 世纪的埃及法老，"他为达成自己的目的，强迫所有的埃及人为他做工"。希罗多德很快补充道，"这些埃及的故事是为了给那些相信这样故事的人来采用的"[1]。他随后继续讲述了奇阿普斯的恶行，比如他让埃及人"分成十万人的大群来工作，每一个大群要在采石场工作三个月"[2]。希罗多德还写道，奇阿普斯寡廉鲜耻，在没有

---

1 这句话出自《历史》（上册），希罗多德著，王以铸译，商务印书馆，1997 年，第 165 页。
2 同上，166 页。

钱继续修金字塔的时候，他竟然出卖自己女儿的身体来索要报酬。但是，在《埃及人》（*The Egyptians*）一书中，芭芭拉·沃特森（Barbara Watterson）表示希罗多德的描述"无凭无据"。

乔恩·曼希普·怀特（Jon Manchip White）在其《古埃及的日常生活》（*Everyday Life in Ancient Egypt*）一书中写道，在奇阿普斯的统治时期，"埃及的奴隶制度未成气候，只会偶尔发生，奴隶的数量也不多"，他还补充道，"这些奴隶几乎都是外国俘虏"。自由民出身的埃及人"很少被卖为奴隶；既然修建金字塔的埃及人肯定是自由民，那么他们当中很少……是奴隶"。

大约 5 个世纪后，公元 1 世纪的犹太神父和历史学家弗拉维奥·约瑟夫斯（Flavius Josephus）在其著作《犹太古史》（*Antiquities of the Jews*）中写道，修建金字塔的不是埃及奴隶，而是希伯来奴隶，"埃及人妒忌希伯来人的富有，因此对希伯来人无甚好感……于是，埃及人就让希伯来人……修建金字塔"。他写道"希伯来人为修建金字塔辛苦劳役了 400 年"。但是，几个事件所涉及的日期却不甚准确。吉萨金字塔群的修建日期在公元前 2000 年前，而摩西带领希伯来奴隶逃出埃及的时间大约为公元前 1400 年。

《建筑史》（*A History of Architecture*）一书的作者斯皮罗·科斯托夫（Spiro Kostof）认为"我们不应再把金字塔视为压抑人性的奴隶制度的产物"，因为金字塔是由"主力为技艺娴熟的泥瓦匠和工匠队伍"修建的。沃特森也认为"金字塔上的许多非技术性工作是由农民在洪水季节完成的，因为那时候农民无法耕种田地"。科斯托夫补充道,"尼罗河每年 7 月底至 10 月底泛滥,此时大部分人都处于农闲季节,因此大概会征用额外的劳动力来运送石块"。沃特森则解释说,"作为回报,这群人会得到配给的食物。对一个家庭来说,这些额外的粮食很受欢迎"。这样说来,修建金字塔是埃及关心民众福祉、提供就业的一个项目。

米洛斯拉夫·维尔纳(Miroslav Verner)在《金字塔》(*The Pyramids*)一书中写道,这些工匠们类似于"欧洲中世纪时期的工匠协会"。科斯托夫则补充说,"在古代,人们的确会从修建诸如巨石阵……这样的纪念碑……中获得满足感。吉萨金字塔群就是这样的希望之碑。"

还有一种说法是,金字塔建成后其入口便被封死,"奴隶们"被活埋在了金字塔之下,以防止他们走漏陵墓建造的秘密。沃特森认为这一传言源于刻在伊南尼(Ineni)陵墓上的铭文。根据铭文记载的内容显示,拉美西斯九世(Rameses IX)监督修建了图特摩斯一世(Thutmose I)的陵墓,并证实陵墓是在"无人目睹、无人耳闻"的

埃及金字塔

情况下修建起来的。根据沃特森的解释，"修建皇陵的工匠都技艺娴熟，备受尊重，生活中享有诸多特权"，绝不可能被杀死。事实上，在修建哈布城（Medinet Habu）——拉美西斯三世（Rameses III）葬祭殿——的时候，工人们抱怨建筑材料未及时送达，在发现无人处理自己的投诉后，"工人们举行了罢工"，这肯定是有文字可考的历史上的第一次静坐罢工。

罗得岛太阳神铜像横跨入口港两端

位于罗得岛的古希腊港口城市罗得市（Rhodes）曾矗立着一座为太阳神赫利俄斯（Helios）修建的巨大铜像。大约公元前 280 年，为纪念结束了一次漫长的围攻，雕塑家林多斯的查尔斯（Chares of Lindos）修建了这尊雕像。雕像以青铜制成，内部用石头和铁柱加固。据说，雕像高约 70 腕尺，相当于 32 米（105 英尺）左右。

在大多数画作中，铜像横跨入口港两端，过往船只从雕像双腿中间经过。这一景象十分壮观——对一不留心在错误时机向上望去的航海者来说尤其如此。伊丽莎白女王时代的剧作家威廉·莎士比亚对此类描述深信不疑，因为在其《尤利乌斯·恺撒》（Julius Caesar）一剧中，恺撒如是说道："嘿，老兄，他像一个巨人似的／跨越这狭隘的世

界；我们这些渺小的凡人 / 一个个在他粗大的腿下行走，四处张望着 /
替自己找寻奴隶的坟墓。"[1]

怀尔（Wire）和雷耶斯 - 珀盖奥达凯斯（Reyes-Pergioudakis）在
其著作《希腊的灯塔》（*The Lighthouses of Greece*）一书中说道，"历
史学家认为，太阳神双腿横跨海港的姿势只不过是人们的想象罢了，
因为雕像并不够高，无法站稳在海港两端的堤道上。实际上，雕像很
有可能矗立在如今的圣尼古拉奥斯灯塔（Agios Nikolaos Lighthouse）
附近，居高临下，俯瞰整个海港"。怀尔和雷耶斯 - 珀盖奥达凯斯还
补充道，"大多数建筑师和工程师都认为雕像绝对是双腿直立于一个
堤道之上的"。

遗憾的是，雕像如今已不复存在了。公元 1 世纪的历史学家老普
林尼（Pliny the Elder）在其著作《自然史》（*Natural History*）一书中
提到了自己看见雕像遗迹时的情景，他写道，"很少有人可以双臂环
绕住它的拇指，它的手指比绝大多数雕像还要高，破碎的四肢上有着
巨大的裂口"。人们认为，在雕像建成约 50 年之后，雕像便因强烈
地震而倒塌，留下一片瓦砾。可以确定的是，罗得岛当时的居民在感
受到第一次地面震动时，就快速飞奔到了山上。

1　这段文字出自《莎士比亚全集 3：悲剧卷（上）》，莎士比亚著，朱生豪译，译林出版社，
　　1999 年，第 191 页。

基督徒被丢进古罗马圆形大剧场的狮群之中

　　我最近阅读了一本写给小朋友的课本，上面写道，"在特殊的日子里，人们会聚集到古罗马圆形大剧场，观看精彩的表演"。这本书继续说道，"基督徒、犯人和奴隶会被丢进圆形的剧场，随后放入的狮群会扑噬追杀他们"。著名美国作家马克·吐温在其 1869 年的游记《傻子出国记》（*The Innocents Abroad*）一书中也犯了同样的错误。在本书中，马克·吐温如是写道，"在角斗士搏斗和其他表演节目之外，他们也常把敌对教派的教徒投入大剧场场内，放进野兽，扑噬他们"[1]。他随后补充道，"据估计，在这里殉教的基督徒，有七万名之多"。

　　从历史角度来看，尼禄皇帝于公元 64 年开始对基督徒展开迫害，此时把基督徒丢到大剧场里颇有难度，因为大剧场还尚未建成。公元 80 年，提图斯皇帝在位时，大剧场才正式开放。这一时期，提图斯皇帝在大剧场上演的是动物屠杀大戏，而迫害基督徒的浪潮已经平息。的确，根据《牛津简明基督教会词典》（*Concise Oxford Dictionary of the Christian Church*）一书，迫害活动虽从未完全消失，但是直到 3 世纪之前，迫害活动也只是"偶尔发生"并且"无甚作用"。

　　詹姆斯·S. 杰弗斯（James S. Jeffers）在其著作《古希腊罗马

1　这句话出自《傻子出国记》，马克·吐温著，陈良廷、徐汝椿译，人民文学出版社，1985 年，第 232 页。

文明：历史和背景》（*The Greco-Roman World of the New Testament Era*）一书中如是写道，"成百上千的罗马基督徒于（尼禄时期的）迫害活动中殉道"，但是"没有一次迫害是在大剧场发生的"。丹尼尔·T. 温特布林克（Daniel T. Unterbrink）所写的《加利利人犹大》（*Judas the Galilean*）也证实"罗马大剧场直到公元 69 年才开始修建，比（基督徒）开始遭受迫害晚了 5 年的时间"。他说尼禄的迫害活动是在"宏伟的马克西姆斯竞技场（Circus Maximus）"进行的。

据说，被丢进大剧场狮群之中最有名的基督教殉教士是安条克的圣依纳爵（St Ignatius of Antioch）。但是，《天主教百科全书》（*Catholic Encyclopaedia*）也承认"证明圣依纳爵在大剧场殉道的证据并不确凿"。该书还指出，一位名叫 S. J. 德勒哈弗（S. J. Delehave）的神父

角斗士在斗兽场搏斗

在进行大量研究后发现，将大剧场列入"基督徒最珍视的纪念胜地"是"毫无历史依据"的。此外，《罗马风潮》（*Roman Presences*）一书也写道，人们普遍认为"没有确凿证据表明大剧场是用于迫害基督徒的"。

《天主教百科全书》则给出了迫害基督徒这一做法可能开始的时间。据说，16世纪的庇护五世教皇（Pope Pius V）曾"建议想要收藏残片的人群收集大剧场的沙土"，因为庇护五世教皇宣称，大剧场的沙土浸满了殉教士的鲜血。1653年，古文物收藏家费拉文特·马蒂内利（Fioravante Martinelli）在其著作《异教徒的神圣罗马》（*Roma ex Ethnica Sacra*）一书中引用了"大剧场是基督教殉教最神圣的地方"这一说法。现如今，任何一个敬奉大剧场"圣"土的人大概都得记住，这里的沙土没有什么"神圣"而言：这里的沙土就只是沙土。

一根羽毛引起的命案

若盘点历史上有趣离奇的死法，就不得不提公元1世纪的罗马皇帝克劳狄乌斯（Claudius）了。公元54年，时年64岁的克劳狄乌斯皇帝在参加完一场宴会后死亡。人们普遍认为，其死因是由一根羽毛导致的。由于皇帝在宴会上暴饮暴食，其御医不得不用羽毛帮助皇帝催吐。

克劳狄乌斯生性好吃。1 世纪末期的传记体历史作家苏维托尼乌斯，在其著作《克劳狄乌斯生平》（*The Life of Claudius*）中描述了克劳狄乌斯在狼吞虎咽之后，就会"平躺下来睡觉，睡觉的时候嘴巴大张"。根据苏维托尼乌斯的描述，用羽毛催吐至少看起来还有几分道理，因为每次克劳狄乌斯在暴食之后，就会平躺下来，然后"别人把一根羽毛塞到他的咽喉里，帮助他吐出吃下的食物"。谢天谢地的是，治疗消化不良的方法后来出现了。附带提一下，罗马人确实有专门用于呕吐的房间。《牛津英语词典》（*Oxford English Dictionary, OED*）在解释"出入通道（vomitorium）"[1]这一词条时就如是说道，"出入通道指的是出入古代圆形竞技场或剧场的通道或通路，以指引观众入座或离座"。也就是说，出入通道是让一大群观众在几分钟之内就可以拥出竞技场或剧场的出口。问题出在理查德·埃伯哈特（Richard Eberhart）身上。1965 年，他出版了《诗选》（*Selected Poems*）一书，其中一首诗就理解错了这个词的含义："天哪，老兄！你的内脏被拉出来了 / 从现在起，你都可以呕吐在任何地方了。"

苏维托尼乌斯并没有说克劳狄乌斯皇帝因窒息而死，但是却说道"大多数人都认为克劳狄乌斯是被毒死的"。1 世纪的罗马编年史家塞涅卡（Seneca）的作品《克劳狄乌斯变南瓜记》（*Apocolocyntosis*）

1　"出入通道"一词的英文 vomitorium 与"呕吐"一词的英文 vomit 词根相同。

一书，大概写成于克劳狄乌斯死去的那一年，该书可以说十分生动地描写了克劳狄乌斯死亡时的情景。根据其记录，"只听克劳狄乌斯身后传来更大一声声响"，然后克劳狄乌斯说了几句话，没想到却成了临终遗言。塞涅卡随后引用了这句画面感十足的话："Va me, puto concacavi me（天，我想我拉了自己一身）."塞涅卡接着补道，"据我所知，他确实拉了自己一身，他肯定也拉到了其他东西上面"。这样看起来，克劳狄乌斯饱受消化不良之苦。

1 世纪晚期的罗马编年史家塔西佗（Tacitus）在其著作《编年史》（*The Annals*）一书中写道，"当时的作家们都记载说毒药是撒到特别新鲜的蘑菇上的"[1]。但是，塔西佗认为克劳狄乌斯的"一次通便好像已使他摆脱了危险"[2]。羽毛此时再次登场，因为塔西佗认为，既然蘑菇没能将克劳狄乌斯毒死，只好用浸有毒药的羽毛再次投毒。根据他的记录，克劳狄乌斯的妻子阿格里披娜（Agrippina）"已经取得了御医色诺芬（Xenophon）的暗中协助，这时她只好把他又找了来。人们说，当色诺芬假意帮助吃力呕吐着的克劳狄乌斯的时候，他把一支浸有烈性毒药的羽毛放到克劳狄乌斯的喉咙里去"[3]。当代作家罗伯特·格雷夫斯（Robert Graves）在其作品《克劳狄乌斯神和他的妻子梅萨利纳》（*Claudius the God: And His Wife Messalina*）中也引用了塔

---

1 这句话出自《编年史》，塔西佗著，王以铸、崔妙因译，商务印书馆，1981 年，第 399 页。

2 同上。

3 同上，399–400 页。

西佗讲述的这一故事。

罗马方面的资料大概都同意克劳狄乌斯不是因为窒息而死，而是因为中毒而死——无论投毒的人用的是羽毛还是蘑菇。但是，《古典世界名人录》（*Who's Who in the Classical World*）一书的一个条目指出，克劳狄乌斯被毒杀的这一说法"受到了质疑"。V. J. 马米恩（V. J. Marmion）及其研究团队于2002年在《英国皇家药学会期刊》（*Journal of the Royal Society of Medicine*）上发表《克劳狄乌斯之死》（*The Death of Claudius*）一文。根据他们的发现，"克劳狄乌斯死时的所有特征均符合由于脑血管疾病而导致的暴毙"。所以，克劳狄乌斯皇帝很有可能是自然死亡的。他其实并没有中毒，这样一来，所有的罗马编年史家都成了一群长舌妇。

皈依基督教后，君士坦丁大帝才成为明君

公元 3 世纪的罗马君主君士坦丁大帝（Emperor Constantine）有幸成为罗马第一个皈依基督教的皇帝。君士坦丁大帝承认基督教在罗马的合法地位，并建立了君士坦丁堡。公元 312 年，在一次战役前夕，君士坦丁看到了基督神迹，神迹向他许诺，追随这一记号，就能取得胜利。君士坦丁果然赢得了胜利，并从此一往无前。于是，在这之后

他突然改信了基督教。《天主教百科全书》一书说道，"君士坦丁为妇女儿童及奴隶做了很多实事，而旧有罗马法律体系对这一群体十分苛刻"。

遗憾的是，君士坦丁似乎对家人却没有这种仁慈宽容的基督精神。323 年，君士坦丁与李锡尼（Licinius）因宗教政策问题发生战斗。当时君士坦丁与李锡尼共同统治罗马，并且李锡尼还是君士坦丁的妹夫。尽管君士坦丁再三保证确保李锡尼的人身安全，但是几个月后，还是下令让人把他勒死了。

几年后，他又将备受自己喜爱的儿子克里斯普斯（Crispus）秘密谋杀。这似乎是因为克里斯普斯的继母福斯达（Fausta）指控克里斯普斯做出了"不道德的事"，所以君士坦丁就把自己的儿子杀了。不幸的是，这一指控没有事实根据。根据成书于 4 世纪、作者匿名的《诸恺撒略记》（*The Epitome de Cuesaribus*）中记载，君士坦丁急于弥补过错，结果又犯下另一个错误，他"把妻子福斯达丢入滚烫的热水中，把她活活烫死了"。

为了保险起见，君士坦丁又把李锡尼的儿子鞭笞至死，而这仅仅是因为他的母亲是一位奴隶。有些资料则说君士坦丁只是把他流放到非洲，终身为奴。

《天主教百科全书》如是评论说："读完君士坦丁大帝的残暴行径，很难相信同一位皇帝有时还会突然变得温和起来；但是人性本就是充满矛盾的。"此话不假。

第 2 章

真真假假的国王传言

亚瑟王的圆桌

位于汉普郡的温切斯特城堡（Winchester Castle）的大厅墙壁上高高挂着一张圆桌，十分宏伟。圆桌上雕刻着亚瑟王和 24 位骑士的名字。圆桌中央刻有"此乃亚瑟王及其麾下 24 骑士之圆桌（This is the rownde table of kynge Arthur w[ith] xxiiii of hys namyde knyttes）"的字样。24 位骑士的名字分别刻在圆桌边缘，其中加拉哈特（Galahad）和莫德雷德（Mordred）的名字位列亚瑟王画像左右。对一个据说是"6 世纪的工艺品"来说，这张圆桌被保存得十分完好。圆桌中央绘有一朵巨大的都铎玫瑰，帮助人们了解圆桌的真正起源。

人们一般认为亚瑟王于公元 6 世纪在位统治。然而事情的真相是，英国的伟大君主亚瑟王是虚构的。

O. J. 帕德尔（O. J. Padel）在《国家人物传记大辞典》（*Dictionary of National Biography*）一书中指出，"当代没有任何一个记录提到过亚瑟"。至于这一传说是如何起源、在哪里起源的问题并没有明确的说明。亚瑟"王"之所以全球闻名是拜蒙茅斯的杰佛里（Geoffrey of Monmouth）所赐。蒙茅斯的杰佛里于 12 世纪写成《不列颠诸王史》（*Historia Regum Britanniae*）一书，在此书第六部中，亚瑟王被描述

亚瑟王及其麾下 24 骑士之圆桌

为"以非凡的勇气赢得极高声誉的著名的国王"[1]，亚瑟王的圆桌也起源于 12 世纪。圆桌是用于交际的绝佳工具，因为围绕圆桌坐下的骑士是无先后顺序可言的。泽西的韦斯（Wace of Jersey）写了诺曼法语版的"亚瑟王与圆桌"的故事《布吕特传奇》（*Le Roman de Brut*），在这个故事里，"圆桌"是由"阿蒂斯国王（rois Artus）"设立的。

《英语民俗词典》（*A Dictionary of English Folklore*）的编辑杰奎琳·辛普森（Jacqueline Simpson）与史蒂夫·劳德（Steve Roud）在

1　这句话出自《不列颠诸王史》，蒙茅斯的杰佛里著，陈默译，广西师范大学出版社，2009 年，第 151 页。

这本词典中说道，温切斯特城堡的圆桌制于 14 世纪，有可能是因为爱德华三世（Edward III）欲于 1344 年效法亚瑟王重建圆桌骑士。《哈钦森百科全书》（*Hutchinson Encyclopedia*）认为这张圆桌有可能是"某次比赛的遗留物。从 12 世纪开始，圆桌成为某种比赛道具，在这个比赛中，各个骑士分别扮演亚瑟王时期的人物"。辛普森和劳德还补充道，1522 年，国王亨利八世（King Henry VIII）重新对这张桌子进行了改造，在桌面上绘上都铎玫瑰和以自己为蓝本的亚瑟王肖像。

令人遗憾的是，贤明的亚瑟王及其象征平等的圆桌是不存在的，但不可否认的是，这是一个十分精彩的传说。

阻挡潮水的卡纽特国王

在经济学领域，11 世纪的卡纽特国王（King Cnut）被认为是一个可笑的人物，因为他曾愚蠢地尝试阻止不可阻挡之事。历史学家、传记作家 M. J. 特罗（M. J. Trow）也证实，卡纽特表现出的自欺欺人的"卡纽特综合征（Canute Syndrome）"一般也适用于政客和经济学家。但是，罗伯特·莱西（Robert Lacey）在其著作《英国历史传奇》（*Great Tales from History*）一书中提到，"历史也会犯错，比如历史上很多人相信卡纽特真的认为自己可以阻挡潮汐这一说法——但是亨廷顿的亨

卡纽特国王

利（Henry of Huntingdon）曾指出，国王的想法恰恰与之相反"。

在其 12 世纪早期的作品《英国史》（*Historia Anglorum*）中，编年史家亨廷顿的亨利就将这一行为描述为卡纽特国王"高贵而伟大的行为"之一，并补充说"在卡纽特国王之前，英国无一国王的权威可以与之抗衡"。他说，当卡纽特"登上最高处时，他下令把自己的椅子放在岸边，而此时潮水正朝他涌来"。亨廷顿的亨利没有指明这一行为发生的具体地点，但是《蝴蝶化羽》（*Breaking Butterflies*）一书提到，"一直以来，苏塞克斯（Sussex）有一项传统活动经常在当时重要的博山姆（Bosham）港举行，皇家贵胄也会光临此地，人们也喜欢从此地乘船出港"。

亨廷顿的亨利接着写道，卡纽特向着逼近的潮汐大声说道，"率土之滨均臣服于我，无人能僭越我的君主权位，否则一律论处。我因此命令于你，不可打湿我的王土，不可打湿你的君主的衣物或身体"。但是，"潮去潮来，亘古不变，潮水毫不客气地浸湿了国王的双脚和胫骨"。亨廷顿的亨利说，国王大声喊叫起来，所有溜须拍马的朝臣都听到了他说的话，"让全世界都知道国王的权力一文不值，只有上帝才可称王，只有上帝才可让天、地、海遵守永恒规律"。论证卡纽特国王虔诚的一个说法是，国王"从不在自己的头顶佩戴金冠，而是把金冠置于一幅被钉于十字架上的上帝画像之上，以便一直赞美上帝这位最伟大的君主"。卡纽特向自己的朝臣证明了自己与上帝相比是无权无势的。

仅仅 20 年后，编年史家、诺曼系英国人杰弗里·盖尔玛（Geoffrey Gaimar）在自己于 12 世纪中叶成书的《英格兰史》（*L'Estoire des Engles*）中，将此事发生的地点设置在泰晤士河畔，以完全不同的视角再次讲述了这个故事。在发现"潮水违背自己旨意、蔑视自己指令后"，国王站起来，"潮水向一座教堂涌来，那就是威斯敏斯特大教堂"。卡纽特举起自己的权杖，向着潮水说道，"退下，从我身边退下，否则我杖打于你"。但是国王仍然被淋湿了。盖尔玛写道，国王"变得十分谦卑"，许诺要去罗马朝圣。

18 世纪历史学家大卫·休谟（David Hume）在其著作《英国史》（第一卷）（*The History of England, Volume I*）中采纳了亨廷顿的亨利的说法，对卡纽特的历史做了再一次纠正。休谟写道，卡纽特在众人的"阿谀奉承"中"下令把自己的椅子放在岸边，而此时正在涨潮"。
当他被淋湿后，他语气谦卑地向自己的朝臣们说，与"唯一的存在上
帝"相比，"世间万物皆无能无力"。

卡纽特在其统治时期颇受爱戴。吉姆·布拉德伯里（Jim
Bradbury）在《中世纪战争》（*Medieval Warfare*）一书中认为，"后世
扭曲了这个潮水的故事，让卡纽特看起来是一个高傲自大的人"。特
罗也有着同样的看法。他还补充说，"在当代，'卡纽特综合征'一词
的用法与亨廷顿的亨利的本意完全相反"。亨廷顿的亨利将卡纽特国
王描述为一个"虔诚谦卑"的人，但是这一说法已完全消失了。卡纽
特国王一般被描述成一个"愚不可及、狂妄自大的人，自认为自己的
能力比上帝还要厉害"。针对盖尔玛对自己虔诚行为的诽谤，也许睿
智的卡纽特国王会以哲学的态度笑对……也许他不会。

罗伯特·布鲁斯看到蜘蛛结网后受到鼓舞

诺曼·布鲁斯家族（Norman Bruce）通过联姻成为苏格兰王室一
员，并于 12 世纪早期到达苏格兰。1290 年，苏格兰王位出现空缺，
第六代罗伯特·布鲁斯（Robert the Bruce）宣布登基。但是，英格兰
国王爱德华一世宣布所有苏格兰人为其子民，并将苏格兰王位奖给了

约翰·德·巴里奥（John de Balliol）。1306 年，第八代罗伯特·布鲁斯最终成为了苏格兰国王。班诺克本之战（Battle of Bannockburn）中，他将英格兰人赶出了苏格兰，并于 1328 年与英格兰签订《爱丁堡-北安普顿协议》（*Treaty of Northampton*），宣布苏格兰独立。

在这场战争中，流传着这样一个故事：罗伯特·布鲁斯在北爱尔兰沿岸的拉斯林岛（Rathlin Island）藏身时——也有人说藏身地点是苏格兰的内赫布里底群岛（Inner Hebrides）的侏罗岛（Jura Island）——他看到一个蜘蛛尝试着结网，虽然屡试屡败，但是蜘蛛并没有放弃，罗伯特·布鲁斯倍受鼓舞，决定自己也要坚守抵抗英格兰人的大业。但是，罗伯特·甘博斯在《蝴蝶化羽》一书中指出，"约翰·巴伯（John Barbour）在 14 世纪写的《布鲁斯》（*The Bruce*）一诗中却没有提及这个有名的故事"。1997 年时，《布鲁斯》再版。在该诗前言中，A. A. M. 邓肯（A. A. M. Duncan）也写道，"18 世纪以前是没有证据表明这一故事的真实性的"。他说，"这是一个民间故事，因为布鲁斯确实也屡败屡试，所以就把这个故事安在了他的头上"。

这样看来，是 19 世纪的苏格兰作家沃尔特·司各特爵士让更多人知道了这个张冠李戴的故事。他于 1829 年至 1830 年写成了《祖父讲故事：苏格兰史》（*Tales of a Grandfather: History of Scotland*）一书。他在该书中写道，布鲁斯"在拉斯林岛上一个破败的小屋里"藏身的时候（而不是在洞穴里藏身），他突然注意到一件事。"尽管这件事情是布鲁斯家族的一个传说，但是经过岁月洗礼，这个传说也变得日益真实起来。"司各特写道，彼时布鲁斯"灰心丧气地躺在床上……

突然，一只蜘蛛吸引了他的注意力"。这只蜘蛛正试着"从屋顶的一根横梁摇晃到另一个横梁上"结网，但是先后 6 次都未能成功。布鲁斯想到自己也"与英格兰及其同盟前后打了 6 次仗，所以这只不知放弃的蜘蛛所处的境遇与现在的自己一模一样"。布鲁斯决定，"如果这只蜘蛛第 7 次成功了，他则继续抵抗英格兰人；如果蜘蛛失败，他就放弃抵抗"。蜘蛛第 7 次时终于结网成功，所以布鲁斯重返战场，继续抵抗英格兰人。司各特还告诉我们，"我经常遇到名为布鲁斯的人，他们对这个故事坚信不疑，甚至在任何情况下都不会把蜘蛛杀死"。

《苏格兰》（*Scotland*）一书的作者马格纳斯·马格努森认为，这个故事"在 200 年前就第一次出现在道格拉斯家族的历史上"，历

罗伯特·布鲁斯

史学家和诗人大卫·休谟记载了这件事。休谟在 17 世纪时撰写的《道格拉斯和安格斯家族史》（*History of the House and Race of Douglas and Angus*）一书中称，看到蜘蛛结网的人不是布鲁斯，而是布鲁斯的指挥官詹姆斯·道格拉斯（James Douglas），英格兰人称其为"黑面人道格拉斯（Black Douglas）"，苏格兰人则称其为"好心的詹姆斯爵士（Good Sir James）"。故事中

的蜘蛛是尝试在一棵树上结网的，它连续试了 12 次都失败了，直到第 13 次才成功。注意到整个过程的道格拉斯建议布鲁斯"以这只蜘蛛为榜样，再一次尝试，冒第 13 次险"。就这样，按照真真正正的好莱坞做法，最佳台词分给了胜利英雄布鲁斯，尽管人们认为最初是布鲁斯的可靠盟友道格拉斯说了这句话。

驼背国王理查三世

在 1955 年上映的电影《理查三世》（*King Richard III*）中，劳伦斯·奥利弗爵士（Sir Laurence Olivier）扮演理查三世一角。在片中，他如同卡西莫多[1]似的一颠一颠地走路。自此，人们一想到理查三世，就总会想起劳伦斯·奥利弗爵士的表演。这部电影的蓝本是莎士比亚为这位 15 世纪的君主所写的戏剧《理查三世》。在这部剧作中，莎士比亚如是写道："我残缺不全，不等我生长成形 / 便把我抛进这喘息的人间。"[2] 人们认为王室珍藏的理查三世的画像绘于 1520 年（理查三

1　卡西莫多是法国作家雨果作品《巴黎圣母院》中的人物，外形丑陋，但心地善良。

2　这句话出自《莎士比亚全集（第四卷）》，莎士比亚著，方重译，人民文学出版社，1994 年，第 6 页。

世于 35 年前死亡）前后。在这幅画像中，理查三世的右肩高出左肩许多，这一形象印证了这一说法。但是，W. 马克·奥姆罗德（W. Mark Ormrod）在《中世纪百科全书》（*Encyclopedia of the Middle Ages*）一书中写道，"尽管经莎士比亚之手，人们都认为理查三世是个驼背，但是没有证据表明这一说法是否准确"。

莎士比亚只是对托马斯·莫尔爵士（Sir Thomas More）——后来成为了英国大法官——的话进行了夸大。托马斯·莫尔爵士在其 1518 年写成的《国王理查三世生平》（*History of King Richard III*）一书中提到，理查三世"身材矮小，四肢畸形，弓腰驼背，左肩高出右肩许多，一点儿也不面善"。莫尔还补充说，理查三世"恶毒、易怒、善妒"，出生时竟然是"双脚先出生到世上……并且一出生就有了牙齿"。罗伯特·甘博斯在《蝴蝶化羽》一书中认为，莫尔所写作品的蓝本是现存于约克

理查三世

市档案馆的 1491 年的公民记录。在该记录中，约翰·贝恩托（John Payntour）说理查三世"虚伪伪善、弓腰驼背，死时像狗一样被埋在

壕沟里"。但是，罗斯玛丽·霍罗克斯（Rosemary Horrox）为《牛津国家人物传记大辞典》所写的一个词条说道，理查三世在博斯沃思原野（Bosworth Field）死去后，他的遗体被葬在莱斯特（Leicester）的圣方济各教堂（the church of the Franciscans）里。

15 世纪的牧师、古文物研究者约翰·劳斯（John Rous）在《英格兰诸王史》（*History of the Kings of England*）一书中提到，理查三世"身材矮小，面容较短，双肩不对称，右肩高于左肩"（与莫尔所说的左右肩相反）。劳斯还称——不过可能性不大——理查三世"在母亲的子宫里待了两年，出生时就有了牙齿，肩膀上还长了毛发"。约翰·劳斯曾在一卷羊皮纸上汇编了沃里克伯爵（Earls of Warwick）的插画版家族编年史，这卷编年史被称为劳斯卷轴（Rous Roll），上面绘有理查三世及皇后安妮·内维尔（Queen Anne Neville）的素描。根据这一素描，理查三世及皇后安妮·内维尔是一对容貌讨喜的夫妇。理查三世神色和蔼，双肩同高，右手拿着一把与权杖相似的利剑。（安妮看起来仿佛受到了惊吓一般，但是有可能是因为她的眉毛被画得太高的缘故。）

波利多尔·弗吉尔（Polydore Vergil）在其 1534 年的作品《英格兰史》（*English History*）中写道，理查三世"身材矮小，身体畸形"，但是他说理查三世所谓的"驼背"没有那么严重，最多只是"一肩比另一肩高"，尽管可疑的是，他没有说是哪一个肩膀更高。霍罗克斯指出，"看起来，与理查三世同时代的编年史家都认为理查三世身材瘦小，克洛兰（Crowland）的编年史家还说到他面容憔悴……如果理查三世真的有什么身体畸形的话，看起来也只是双肩不同高，一肩略高于另一肩"。菲利普·罗兹（Philip Rhodes）在其 1977 年发表的论文《论理查三世的身体畸形》（*The Physical Deformity of Richard III*）中写道，理查三世"双肩不同高，这种情况虽不常见，但是是正常现象"。因为身材矮小，理查三世有可能进行了"强度较大的训练，特别是剑术训练"，因此导致右肩肌肉过度发达；或者他有"轻度的施普伦格尔畸形（Sprengel's deformity），即遗传性的肩胛骨隆起"。

《英国历史大词典》（*A Dictionary of British History*）认为，"人们相信理查三世特别的出生状况，也相信他本人驼背……但这些是编造出来的，以证明他是邪恶之人"。看起来事情的真相就是这样的，因为艾莉森·韦尔（Alison Weir）在《塔中的王子》（*The Princes in the Tower*）一书中指出，王室珍藏中驼背的理查三世的画像被涂改过，"20 世纪 50 年代和 1973 年，人们曾先后使用 X 光检查这幅画像，结果显示，后来有人涂掉了最初的肩线，加高了理查三世的右肩位置，而且双眼也变小了"。理查三世是英国历史上金雀花王朝的最后一个国王，亨利·都铎从他手中夺走了王位，成为了亨利七世（Henry VII），自此之后的所有君主均为亨利·都铎的后裔。理查三世因篡位而成为国王，所以我们可以想象，莫尔和劳斯在内的都铎时期的政治家都是以谴责的目光对理查三世进行描述。《大英百科全书》也补充说，"很多当代学者认为理查三世具备政治才能，16 世纪时，因为政治宣传，他才有了为人邪恶的恶名"。如今，整个历史学界都致力于恢复理查三世的声誉。

拒绝离婚，却娶了 6 位皇后的亨利八世

都铎王朝的亨利八世于 1509 年至 1547 年在位。在其统治阶段，亨利八世先后对自己的几位皇后均不满意，这给他带来一个大问题：作为一名虔诚的天主教徒，他极度反对离婚，罗马天主教会也认为离婚是不神圣的，但是他要如何摆脱婚姻的坟墓呢？答案就是宣布婚姻无效。

因此，《牛津英国历史指南》写道，"技术上讲，亨利八世从未离过婚——他先后宣布了与阿拉贡的凯瑟琳（Catherine of Aragon）和克里维斯的安妮（Anne of Cleves）的婚姻无效"。科林·S. 吉布森（Colin S. Gibson）在《解除婚姻》（*Dissolving Wedlock*）一书中证实，"亨利八世从未离过婚"，他还说亨利八世除了宣布与阿拉贡的凯瑟琳和克里维斯的安妮的婚姻无效外，还宣布了与安妮·博林的婚姻也是无效的。取消婚姻有一个优势，那就是与离婚相比，人们认为取消婚姻更"合法"。罗德里克·菲利普斯（Roderick Phillips）在《解开同心结》（*Untying the Knot*）一书中指出，"尽管人们认为亨利八世风流成性，但是他比人们想象中的更讲究婚姻传统，坚持用宣布婚姻无效的方式来摆脱婚姻"。技术上讲，亨利八世从未离过婚，其中三次婚姻未正式存在过，剩下两次都是妻子先于自己死去。

阿拉贡的凯瑟琳是亨利的第一任妻子。阿拉贡的凯瑟琳本是亨利八世哥哥亚瑟的妻子，但是两人结婚一年后，亚瑟就去世了。阿拉

贡的凯瑟琳转而与亨利成婚，并生了6个
孩子（其中2个是男孩），但是只有玛丽
活了下来。根据《柯林斯英国历史词典》
（*Collins Dictionary of British History*）一
书，亨利想要教皇克勉七世（Pope Clement
VII）宣布自己与凯瑟琳20年的婚姻是无
效的，但是教皇拒绝了。《都铎时期的英
格兰》（*Tudor England*）一书认为，亨利
这么做的一个原因是觉得自己与哥哥的妻
子结婚是乱伦行为，因此即便教皇没有同

阿拉贡的凯瑟琳

意，亨利还是宣布与阿拉贡的凯瑟琳的婚姻是无效的。宣布自己婚姻
无效的亨利自此与罗马天主教会决裂。他创建了英国国教（Church of
England），把自己封为教会的最高元首（Supreme Head），开启了英
格兰曲曲折折的新教（Protestantism）发展之路。

亨利随后与第二任妻子安妮·博林"结婚"。安妮·博林生性活泼，
但是民望极低。二人结婚不久后，亨利的谋士"发现"安妮在结婚前
就订过婚，因此他们的婚姻"于1536年被宣布是无效的"。安妮被
指控在还未与亨利八世结为合法夫妻前就与人通奸。亨利八世为保险
起见，判处安妮死罪，安妮最后被斩首。（亨利八世显然收买了所有
律师。）

亨利立马迎娶了珍·西摩（Jane Seymour）。婚后，珍·西摩终
于生出了亨利渴望许久的儿子，即后来的爱德华六世（Edward VI）。

12 天后，珍·西摩去世。不得不说，珍·西摩懂得如何永葆亨利八世对她的宠爱。珍·西摩死后，亨利八世娶了第四任妻子——克里维斯的安妮。菲利普斯表示，亨利八世与她的婚姻"也被宣布无效"。以现在的眼光看来，这次婚姻是唯一一次无效理由充分的婚姻，因为"克里维斯的安妮面貌丑陋，国王在与她圆房时会不举"。如今，夫妻二人未能圆房仍然是婚姻无效的合法理由。

19 天后，亨利娶了凯瑟琳·霍华德（Catherine Howard），看起来治好了自己不举的毛病。凯瑟琳·霍华德当时 18 岁，为人轻浮，曾是克里维斯的安妮的女侍官。但是不到两年，凯瑟琳就被指控与人通奸。凯瑟琳在与亨利结婚之前就订过婚，但是她坚决否认，所以亨利无法解除与她的婚姻。再加上凯瑟琳被指控通奸，亨利别无选择，只好将她斩首。

国会随后通过一项法案，宣布与国王成婚的女性如果不是处女，那么这位女性就犯了不忠之罪。当亨利于 1543 年迎娶了 31 岁的凯瑟琳·帕尔（Catherine Parr）后，人人都松了一口气。凯瑟琳·帕尔曾两度守寡，自然不可能是处女。4 年后，亨利去世，死时 52 岁。凯瑟琳·帕尔再度守寡，随后开始了自己的第四次婚姻。

为了帮助学生记住亨利 6 位妻子

亨利八世

的命运，就有了这么一句有名的口诀：离婚，斩首，去世了，离婚，斩首，活下来（divorced, beheaded, died, divorced, beheaded, survived），其实这句话准确的说法应该是：婚姻无效，斩首（且婚姻无效），去世了，婚姻无效，斩首，活下来。

离婚与婚姻无效之间的区别十分重要，因为亨利八世"拒绝考虑离婚"的做法为之后300年的婚姻模式定了基调。菲利普斯指出，"尽管18世纪有了有限的离婚途径，但是直到19世纪中叶英国才正式通过了离婚法案"。

第 3 章

谜团重重的女王和皇后

伊丽莎白一世的木头牙齿

这位 16 世纪的童贞女王（Virgin Queen）因喜好甜食而出名。所以，女王伊丽莎白一世（Queen Elizabeth I）晚年时牙齿几乎全部脱落。

与女王伊丽莎白一世同时代的德国律师保罗·亨茨纳（Paul Hentzner）就曾说英国人易有蛀牙，因为"他们喜欢吃大量甜食"，艾莉森·普洛登（Alison Plowden）在其著作《伊丽莎白一世》（*Elizabeth I*）一书中也引用了这一说法。此外，女王伊丽莎白一世统治时期，口腔护理尚未出现。伊丽莎白·詹金斯（Elizabeth Jenkins）在其书《伟大的伊丽莎白女王》（*Elizabeth the Great*）中写道，"当时人们用一块布擦拭牙齿表面和里面"，她还写道，"女王伊丽莎白一世的新年礼物有来自荷兰的银黑双色绲边的牙齿清洁布"。

伊丽莎白一世

可以说，尽管中年时期的女王伊丽莎白一世看起来君威凛凛，但却开始饱受龋齿之苦。法国大使安德烈·于贺·德·迈斯（Andre Hurault de Maisse）在其 1597 年写成的《日记》（*Journal*）中描述了 1596 年时，"与之前人们所说女王的牙齿状况相比，此时女王的牙齿很黄，大小不一，左边的牙齿颗数少于右边的牙齿颗数，还掉了许多牙"。据迈斯所说，因为女王牙齿不全，所以"当她说话很快时，人们总是很难理解她的意思"。

口齿不清这个问题还不是最糟的。女王伊丽莎白一世还饱受要命的牙痛之苦。在女王伊丽莎白一世统治时期，人们认为虫子是引发牙痛的原因，同时也是治疗牙痛的药方。托马斯·西尔（Thomas Hill）在其1568年的作品《可赚钱的园艺艺术》（*The Profitable Art of Gardening*）一书中认为，"燃烧过的迷迭香木粉可以'美白牙齿，驱逐虫牙'"。莉莎·皮卡德（Liza Picard）在其作品《伊丽莎白的伦敦》（*Elizabeth's London*）中就引用了这一说法。皮卡德同时也参考了约翰·霍利布什（John Hollybush）在其1561年的作品《家用最佳药剂》（*A Most Excellent and Perfect Homish Apothecary*）中提出的独特建议，即治疗牙痛"需用刺针将灰色虫子……穿在一起"。

女王伊丽莎白一世有一次牙疼了两个月。历史学家、传记作家约翰·斯特莱普（John Strype）在其1701年的作品《约翰·艾尔默的一生及所为》（*Life and Acts of the John Aylmer*）中就写道，"女王因为牙痛，整夜都无法休息"。女王因为"害怕拔牙的剧痛"而拒绝拔牙。艾尔默主教很有风度地主动请缨，在女王面前让别人拔出自己的一颗牙齿，在看到"拔牙并不痛，而且丝毫不用恐惧"后，女王才同意拔牙。

根据普洛登转引的亨茨纳的描述，女王快60岁的时候，剩余的牙齿颜色"乌黑"。詹姆斯·温布兰特（James Wynbrandt）在其作品《牙科发展艰辛史》（*The Excruciating History of Dentistry*）中引用了一名目击者的话，这位目击者于 1602 年见到过女王，那时女王已近 70 岁，处于统治阶段的末期。这位目击者说女王"仍然……天真欢快，只有牙齿有点儿不好"。从这番话中我们大概看出，女王伊丽莎白一世此时仍有着一口很明显的龋齿，而且她绝对没有要求戴上为皇室特制的木制假牙。

假牙直到 18 世纪假牙固定剂发明后才出现，不过大家戴假牙纯粹是为了个人形象，吃东西的时候就把假牙摘掉了。16 世纪时，人们一般把布卷成团，以掩盖齿缝。温布兰特写到的目击者也说，当"女王出席公众场合时……她会把许多精美的布料放入嘴里，不让自己的脸颊塌陷下去"。被卷成一团团的布料被用来堵住牙齿掉后的齿缝，看起来就像是装了木头假牙一般，因此就有了女王伊丽莎白一世装了木头牙齿这一谬传。

考虑到一口牙齿的健康，定期前往牙医处检查看起来也不是一个糟糕的选择。

驾驶卷镰战车的布狄卡女王

布狄卡（Boadicea）是家喻户晓的公元 1 世纪的战斗女王。她是英国古时爱西尼（Iceni）部落的女王，爱西尼位于如今的东安格利亚

（East Anglia）地区。在罗马统
治者霸占部落财产、鞭笞布狄卡
并奸污她的两位女儿后，她向罗
马统治者宣战。

首先，我们来说说她的
名字。安东尼娅·弗雷泽
（Antania Fraser）在其著作
《女王战士》（*The Warrior
Queens*）一书中写道，公元
1 世纪的罗马历史学家塔西佗
将这位与其同时代的女王的
名字翻译为"Boudicca"。
但是，弗雷泽认为"塔西

布狄卡女王

佗……把这个名字翻译错了"，正确的拼写应为"Boudica"。
有趣的是，弗雷泽指出古威尔士语中有"bouda"一词，词
义为"胜利"。这表明"布狄卡女王（Queen Boudica）"和
"维多利亚女王（Queen Victoria）"两个名字之间有很强的关
联性。

托马斯·桑尼克罗夫特（Thomas Thornycroft）曾雕刻名为"布
狄卡与其女儿（Boadicea and her Daughters）"的青铜雕像。该雕像
于 1902 年在伦敦威斯敏斯特堤岸竖立起来。只见女王手拿长矛，朝
向敌人猛冲过去，十分引人注目。（在这一雕像中，两位女儿在受到

凌辱后虽仍赤裸上身,但是却目标坚定,不受影响。)著名考古学家格雷厄姆·韦伯斯特(Graham Webster)在《布狄卡》一书中指出这一雕像中的战车"车身由重金属制成,车轮坚固,即便是由……精神高昂的骏马牵引,也很难在泥地里远行"。他还补充说,"最让公众神往的是固定在车轴上的卷曲的大刀,看起来十分凶猛"。

但是,弗雷泽指出布狄卡乘坐的战车"实际上并没有大刀(或镰刀)固定在车轮上",并继续说道,"尽管布狄卡女王充满着神秘色彩,这一点却是少数几个毫无疑问的事实"。韦伯斯特认为对布狄卡女王的战车的这一番描述只不过是"浪漫小说中写得十分精彩的一部分"。《凯尔特世界》(*The Celtic World*)一书的作者米兰达·格林(Miranda Green)指出,"卷镰战车的存在没能消除大众对凯尔特人的误解,反而使得传说代代相传,神秘色彩有增无减"。韦伯斯特认为"人们喜欢这种恐怖色彩,毫无疑问,这种神秘会继续深植大众脑海之中,每每说到英国人和布狄卡,就会出现这一形象"。

桑尼克罗夫特有可能在古代亚洲的卷镰战车上获得了雕刻这一青铜像的灵感。4 世纪作家维盖提乌斯(Vegetius)在其作品《兵法简述》(*Epitome of Military Science*)一书中指出,在 1 世纪,"叙利亚的安条克国王(King Antiochus of Syria)和本都国的米特里达特国王(Mithridates, King of Pontus)都会在作战时使用卷镰战车"。维盖提乌斯也吐露说,"卷镰战车刚出现时,大家都十分警觉,但是很快这种车就成了笑柄",因为"在战场上使用这种战车时,罗马人会突然朝战场上投掷蒺藜(一种四角尖尖的武器)"。飞奔之中的战车一遇到蒺藜就被毁掉了，其效果就好比如今警察在恶棍的四轮驱动汽车前抛出的"钉刺"一样。

公元前 3 世纪的波斯人在对抗亚历山大大帝时也使用了卷镰战车，但是并没有取得更好的效果。瓦尔德马·赫克尔（Waldemar Heckel）在《亚历山大大帝之战》（*The Wars of Alexander the Great*）一书中说，亚历山大大帝的"标枪手"在遇到卷镰战车时，是不会让自己的双腿被卷镰砍断的，他们会"分开队列，朝驾驶战车的人投掷标枪"。

至于英国古时战车到底长什么样，韦伯斯特说，恺撒就喜欢讲奔驰中的"英国战车"的故事来娱乐自己的部下，而通过这些故事，我们可以了解英国战车真正的用法，"战车驾驶者驾驶战车进行训练……因此他们可以在完全控制马匹的情况下，熟练地驾马冲下最陡的陡坡"。这些技艺娴熟的战车驾驶者可以"快速勒马掉头，沿着辕杆奔跑，还可以站在马轭之上，然后驾马飞奔回战车旁"。看起来，1 世纪的英国战车驾驶者更多的是依靠自己的灵活性，而不是花里胡哨的装备。这些装备也许看起来十分威风，但到头来却是毫无用处。

埃及艳后：帝国女王的魅力

　　埃及艳后克丽奥佩特拉（Cleopatra）是公
元前 1 世纪的埃及皇后，是马其顿人的后裔。
她因先后用姿色蛊惑恺撒大帝和马克·安东尼
（恺撒的将军）而出名。最后她与安东尼成婚。
从铸有她头像的硬币上来看，她的鼻子较长，
而且下巴前凸，与我们印象中的绝色美人相差
甚远。人们一般也会用这个例子来解释审美是

埃及艳后

会变化的。有人认为长鼻子、凸下巴有可能在埃及艳后的时代十分
流行，但是现在却不流行了。尽管公元 1 世纪的罗马帝国时期希腊
传记学家普鲁塔克（Plutarch）从未见过埃及艳后，他仍然在其著作
《希腊罗马名人传》（*The Lives of the Noble Grecians and Romans*）
一书中详细描述了埃及艳后的外貌，这也是我们有的唯一一个关于
她外貌的详细描述。在认真读了他的描述之后，我们有了关于埃及
艳后外貌的真实答案：普鲁塔克认为"克丽奥佩特拉并没有沉鱼落
雁的容貌，更谈不上倾国倾城的体态，但是她有一种无可抗拒的魅力，
与她相处如沐春风"[1]。

1　这句话出自《希腊罗马名人传》，普鲁塔克著，席代岳译，吉林出版集团有限责任公司，
　　2009 年，第 1658 页。

让很多当代人觉得不可思议的是，埃及艳后之美实为智慧之美。普鲁塔克指出，人们之所以觉得埃及艳后姿色美艳，不是因为她的外貌，而是因为她"说话机敏精妙"。他补充道，克丽奥佩特拉见到安东尼时，"女性之美到达光辉灿烂的阶段，智慧完全成熟更能善体人意"[1]，这样说来，普鲁塔克应该是认为心智越成熟的女性，其姿色越美。普鲁塔克写道，克丽奥佩特拉"俏丽的仪容配上动人的谈吐，言语和行为之间流露出一种特有的气质，的确能够颠倒众生。单单听她那甜美的声音，就令人感到心情愉悦。她的口齿宛如最精巧的弦乐器，可以随时转化不同的语言"[2]。的确是很高的赞美。

但不是每个人都会拜倒在克丽奥佩特拉的石榴裙下。科尼尔斯·米德尔顿（Conyers Middleton）在其作品《马库斯·图留斯·西塞罗传》（*The History of the Life of Marcus Tullius Cicero*）一书中写道，西塞罗（居住在埃及艳后对面）说克丽奥佩特拉曾派人赠送给他几本颇合他心意且"有文学品味"的书籍，但是却无法原谅她在花园里闲逛时对他"不理不睬"。西塞罗宣称，每每想到此事，就"十分愤怒"，决定"自此再也不和这类人有任何瓜葛"，因为这群人显然认为他"是无感觉之人"。

不过看起来西塞罗才是笑到最后的人，因为从最新出土、铸有埃

1　这句话出自《希腊罗马名人传》，普鲁塔克著，席代岳译，吉林出版集团有限责任公司，2009 年，第 1657 页。

2　同上，第 1658 页。

及艳后头像的硬币来看，有些人说她并不是什么绝色美女，反而更像已去世的伟大的喜剧演员莱斯·道森（Les Dawson）。

长有六指（和三个乳房）的皇后安妮·博林

16 世纪时，人们认为长有多余乳头、乳房或手指的女性是女巫，那么亨利八世大概会首先承认，封一个女巫为英格兰皇后会给社稷带来极大的不幸吧。但是，亨利八世和安妮·博林仍于 1533 年成婚了。

瑞莎·M. 魏尼凯（Retha M. Warnicke）在其著作《安妮·博林沉浮史》（*The Rise and Fall of Anne Boleyn*）一书中说道，任何认为安

安妮·博林

妮·博林身体畸形的说法都是"大错特错"的。她认为 16 世纪天主教活动家尼古拉斯·桑德（Nicholas Sander）是这一说法的始作俑者。桑德在其 1585 年的作品《英国教会分裂的起源与发展》（*The Origin and Progress of the English Schism*）一书中写到安妮"右手长有六

指"。他同时吹嘘说，"安妮下巴下长着一个巨型粉瘤，所以为了掩盖这个瘤子，安妮会穿衣领高过自己喉咙的裙子"。他宣称安妮的母亲是亨利八世的情妇，亨利迎娶了自己的女儿。魏尼凯说，与桑德同时代的历史学家就曾公开反对过桑德的说法，其中包括爱德华·赫伯特（Edward Herbert）和索尔兹伯里主教（Bishop of Salisbury）吉尔伯特·伯内特（Gilbert Burnet）。

根据埃里克·艾夫斯（Eric Ives）所写的《安妮·博林的生与死》（*The Life and Death of Anne Boleyn*）一书，我们发现了这样的描述：1533 年，安妮参加封后大典，一个旁观者颇有敌意地说，"安妮·博林身着紫色天鹅绒外套，为了掩盖颈部的凸起，衣服领口饰有高高的飞边，她估计得了甲状腺肿大"。艾夫斯则认为这极有可能是"恶意的歪曲"。

如果安妮的身体真的有什么异样，那也最多只是她的小拇指指尖有点儿轻微畸形，身上长了一两颗痣而已。传记作家乔治·怀亚特（George Wyatt）在其成书于 16 世纪末期的著作《安妮·博林皇后生活中的二三事》（*Some Particulars of the Life of Queen Anne Boleigne*）中写道，"人们发现在她的一个手指指甲旁确实有长出另一个指甲的迹象"。

他还说，"每一个见过她的人都说这个新的指甲十分小，就好像是造物主在造物时留给她右手的恩典"，而且安妮·博林"经常把它给藏起来"。至于安妮·博林身上的痣，怀亚特说"同样，也有人说安妮·博林身上长有痣，但是同安妮的明眸善睐相比，这些痣算不上什么"。

至于三个乳房的说法，艾夫斯说与安妮同时代的威尼斯使节弗朗西斯科·桑努托（Francesco Sanuto）曾记录安妮有"一个没有怎么发育的乳房"。要是安妮有第三只乳房的话，桑努托在刻苦研究安妮的身体构造时肯定不会避而不谈。亨利八世与安妮新婚不久后，就写信给安妮表达自己的思念之情："愿我自己能躺在爱人的怀里（特别是在晚上），相信我马上就可以亲吻你美丽的宝贝们……"要是安妮真的有三个美丽的宝贝，亨利八世一定会注意到吧？

因此，事情有可能是这样的：据一些评注者所说，安妮的脖子或胸脯上长有一颗比较小的痣。这颗痣先是长成了一个巨型的粉瘤，随后又变成了甲状腺肿。之后，像变戏法一般——多亏了有珀西先生（Monsieur Percy）所编的《医学词典》（*Dictionaire des Science Medical*）——甲状腺肿变成了第三个乳房。要是你能成功，那真是见证奇迹的时刻了。

维多利亚女王芳名维多利亚

历史上，这位伟大女王的名字频频出现，因此我们耳熟能详，认为维多利亚就是女王的芳名。但是，事实几乎恰恰相反，这要从女王的伯父摄政王的一次心血来潮说起。汉克斯（Hanks）、哈德卡斯尔

维多利亚女王

（Hardcastle）和霍奇斯（Hodges）在《命名字典》（*A Dictionary of First Names*）中证实维多利亚女王的芳名其实是"亚历山德里娜（Alexandrina）"。

伊丽莎白·朗福德（Elizabeth Longford）在其传记作品《维多利亚女王》（*Victoria, R. I.*）一书中写道，维多利亚出生后，成为王位第五顺位继承人，并将在受洗仪式上得名"乔治娜·夏洛特·奥古斯塔·亚历山德里娜·维多利亚（Georgiana Charlotte Augusta Alexandrina Victoria）"。朗福德在阅读过维多利亚的母亲肯特公爵夫人的一封信件后，描述了维多利亚女王受洗时的情景。

摄政王乔治王子（Prince George）是女王的第一位教父，俄国沙皇亚历山大一世（Alexander I）是女王的第二位教父，由约克公爵（Duke of York）代为出席受洗仪式。

但是，乔治王子痛恨亚历山大一世，在受洗仪式的前一夜，乔治王子给女王的父母发去一封言简意赅的电报，上面写道"将不会使用乔治娜这个名字"[1]，因为"他的名字不能放在俄国沙皇的名字之前"。他补充说，"他不允许这两个名字一同出现"。至于其他的名字，他会和孩子的父母讨论一下。

朗福德写道，受洗仪式那一日，"坎特伯雷大主教怀抱女婴，站着等待摄政王宣布女婴的名字"。一阵沉默。终于，摄政王生硬地说道，"亚历山德里娜"。肯特公爵提示摄政王再给出一个名字，并建议使用"夏洛特"这个名字。约翰·范·德·基斯特（John Van der Kiste）在其著作《皇宫中的童年：1819–1914 年》（*Childhood at Court 1819 to 1914*）一书中写道，夏洛特是摄政王"早夭的独女的名字"。范·德·基斯特推测，摄政王看到肯特公爵的女儿健康强壮，心里有可能会感到一丝"痛苦和怨恨"。因此，夏洛特这个名字被否决了。

肯特公爵提示摄政王给出"奥古斯塔"这个名字，但是根据朗福德的描述，因为这个名字"暗含君威之意"，这个名字也被否决了。最终，摄政王大声说道："就用她母亲的名字吧。"不过，根据范·德·基斯特的描述，摄政王补充说维多利亚这个名字"不能放在亚历山德里娜"之前，令人十分恼火。这样一来，本是意气风发、欢欣雀跃的肯特公爵及其夫人最后只有"亚历山德里娜·维多利亚"这一个选择了。范·德·基斯特补充说，此时，女婴的母亲"啜泣起来"。

朗福德证实，这位小公主在 10 岁之前，人们都用外国名字亚历

---

[1] 乔治娜（Georgiana）是乔治（George）的变体，亚历山德里娜（Alexandrina）是亚历山大（Alexander）的变体。

山德里娜的昵称"德里娜"来叫她。11 岁的时候，肯特公爵及其夫人再一次试着将她的名字改为夏洛特或者伊丽莎白，因为"公主现在的两个外国名字不符本国民族感情"。但是，一些人也接受了亚历山德里娜这个名字。《简明世界地名词典》（*Concise Dictionary of World Place-Names*）显示，南澳大利亚的一个湖泊的名字就以小公主的"亚历山德里娜"这个名字命名的。

维多利亚本人对此也有自己的看法。传记作家克利斯托夫·赫伯特（Christopher Hibbert）在《维多利亚女王》（*Queen Victoria*）一书中说，尽管官方对外称维多利亚为"大英唯一合法且正统的君主亚历山德里娜·维多利亚女王"，但是她"从未想过自己被称呼为亚历山德里娜女王"。的确，赫伯特说维多利亚女王"在需要自己签署的所有文件上都略去了亚历山德里娜这个名字"。E. 卢埃林·伍德沃（E. Llewellyn Woodward）在其作品《改革年代：1815-1870 年》（*The Age of Reform 1815-70*）一书中也证实，尽管对外公布的文件均将女王称呼为"亚历山德里娜·维多利亚"，但是女王第一次前往枢密院议事时，"签到时仍只用维多利亚这个名字"。

朗福德透露说，彼时，墨尔本勋爵（Lord Melbourne）告诉维多利亚女王，她随沙皇的名字会公开惹恼摄政王，因为摄政王"极为讨厌他。愿上帝诅咒他！"于是，亚历山德里娜时代成了维多利亚时代。

第 4 章

奇奇怪怪的战役

发生在邦克山的邦克山战役

　　邦克山战役是美国独立战争时发生的第一场大战。1775 年 6 月，英国军人占领了马萨诸塞州的波士顿。美国殖民地的居民中有 1600 名民兵，他们决定在俯瞰波士顿港的邦克山（Bunker Hill）修筑防御工事。大卫·艾根伯格（David Eggenberger）在《战争百科全书》（*An Encyclopedia of Battles*）中认为殖民地居民"错误地"在布里德山（Breed's Hill）修建了工事。布里德山地势较低，更易于设防，但是根据《大英百科全书》（*Encyclopaedia Britannica*）的说法，许多历史学家认为这一说法"站不住脚"，因为布里德山"更容易被攻下"。艾琳·麦基恩（Erin McKean）编纂的《新牛津美语大词典》（*New Oxford American Dictionary*）一书证实，"邦克山战役实际发生在附近的布里德山"。

　　根据《牛津世界史词典》（*Oxford Dictionary of World History*）一书，英国方面共派出 2400 名士兵去"占领制高点"。交战双方均犯下错误：美军次日送出的快信显示，交战期间，民兵们误以为让疲惫的士兵换班的命令是"沿某方向撤退"的命令，因此"暴露在了敌方的火力之中……导致了主要伤亡"，最后，山头失守，450 名士兵牺牲。艾根伯格说，英军"本有机会趁美军撤退之际，一举歼灭美军"，但是英军却在"其半岛上的据点"停止了追击。这样看来，是英军取得了这场战役的胜利。但是，根据《牛津军事史》（*The Oxford*

Companion to Military History）一书的记录，英军损失惨重，"伤亡
1000 多人，人数占攻击部队的 40%"。此战过后，双方均有损失。
《牛津美国军事必备词典》（The Oxford Essential Dictionary of the US
Military）一书说道，直到后来殖民地居民才认为进行作战的决定"更
像是被人误导而进行的冒险"。在看到威武强大的英国军队并不是坚
不可摧的部队后，美国人才感到一丝安慰。

这场战役之所以被称为邦克山战役，是因为那封快信上说道，"为
掘壕沟，1500 名士兵向邦克山行进"。根据《大英百科全书》的记录，
为纪念邦克山战役，人们修建了邦克山纪念碑，但是容易让人感到困
惑的是，这座纪念碑却耸立在布里德山上。

从天而降的蒙斯天使

1914 年 8 月，第一次世界大战爆发初期，英法两国军队遭遇德
军强有力的进攻，被迫撤退。幸运的是，大天使米迦勒（Archangel
Michael）在现场观战，人们看到他带领天使军及众守护天使在比利
时小镇蒙斯附近从天而降。世界著名历史学家 A. J. P. 泰勒（A. J. P.
Taylor）在其著作《第一次世界大战》（The First World War）一书中
谈道，"蒙斯战役是英军唯一一次看到超自然现象出现，并对战事进

行干预的战役，而且这一说法不是空穴来风"。

陆军准将约翰·查特里斯（John Charteris）在其出版于 1931 年的回忆录《在总司令部》（*At GHQ*）一书中，提到了一封写于 1914 年 9 月 5 日的家书。他在这封家书中写道，人人都传，"耶和华的使者骑着传说中的白色骏马，身着白衣，手持燃烧着的利剑从天而降，阻止正在蒙斯朝英军进攻的德国军队。德军因此一片混乱，溃不成军，再也无法向英军发起进攻"。1915 年 2 月 11 日，他推测"一些虔诚的人在家书中提到，德军在蒙斯止步不前，就好像耶和华的使者突然从天而降，挡在了他们面前一般"。查特里斯怀疑，"这些家书由前线的其他人送回了家中，其中一封家书被刊登在了一份教区杂志上。刊登在杂志上的家书略去了'就好像'这几个字眼，随后这一说法就被传遍了"。

大卫·克拉克（David Clarke）的作品《蒙斯天使》（*The Angel of Mons*）一书表示，"没有可以证明天使下凡的第一手的可靠记录"。在《英国民俗词典》一书中，编辑杰奎琳·辛普森与史蒂夫·劳德均同意"没有一个是亲眼所见的第一手记录"。但是查特里斯错得并不离谱，因为这一传言的始作俑者是 1914 年 9 月 29 日《晚报》（*The Evening News*）刊登的一篇以第一人称写成的叙事小说。

这一虚构故事的标题为《弓箭手》（*The Bowmen*），作者是威尔士报界的金牌写手亚瑟·玛臣（Arthur Machen），只是当时这篇文字并没有被标明是小说。1915 年，这篇小说被收录于书中。玛臣在书序中写道，这篇小说的灵感是"关于蒙斯大撤退骇人的（纪实）描述"。玛臣的小说讲述了这样一个故事,"圣乔治(St George)……召唤出阿金库尔战役的弓箭手(Agincourt Bowmen),在蒙斯战役中帮助英军作战"[1]。玛臣只写到"一长队周身发光的天使从天而降"。在这篇小说出版之后,杂志《神秘学评论》(*The Occult Review*)的编辑致信玛臣,询问"这一故事是否有什么事实根据"。玛臣告诉他"这一故事纯属虚构,无任何事实根据",之后他就把这件事情抛诸脑后了。

随后,一位教区杂志的编辑请玛臣写一篇简短的引语,以"证实这是一个真实的故事"。玛臣向他再次强调,这个故事"纯属虚构"。这位杂志编辑再次致信,玛臣说,"令我惊讶的是,他认为我一定弄错了,《弓箭手》一文的主要'事实'一定是真实的,我所做的不过是对真实历史的详细阐述和润色修饰"。玛臣继续写道,看起来他的"消遣小说被这个教区认为是不可辩驳的事实"。

这个故事就这样在公众的心中生根发芽:天使取代圣乔治和弓箭手成为了故事的主人公,因为正如玛臣所说,"大家认为凡是周身发光、慈悲为怀的超自然存在都是天使"。他认为"自己故事中的弓箭手"就是后来的"蒙斯天使"。

目光敏锐的读者会发现,查特里斯的家书成文日期早于故事的出版日期。大卫·克拉克表示,"查特里斯书信集中并没有提到蒙斯天

1　阿金库尔战役发生于 1415 年的 10 月 25 日,是英法百年战争中著名的以少胜多的战役。英军以由步兵弓箭手为主力的军队于此击溃了法国由大批贵族组成的精锐部队,这场战役成为了英国长弓手最辉煌的胜利之一。

使的那封原始信件，因此我认为他所说的关于蒙斯天使的证据的日期
不是 1914 年，而是 1931 年"。辛普森和劳德也表示，查特里斯"根
据自己的回忆对他当时的记录进行了详述，所以他给出的日期并不可
靠"。

克拉克补充说，"尽管没有证据表明，新近成立的宣传部跟蒙斯
天使传说的诞生有着直接联系，但是军事情报部门有可能有意不对此
进行辟谣"。他还指出，一战之后关于蒙斯天使的故事"说好听一点
儿就是杜撰，说难听一点儿就是彻头彻尾的谎言"。玛臣认为《弓箭
手》一文是"蒙斯天使"故事的开端，在此之前再没有证明蒙斯天使
存在的相关证据。克拉克对此表示十分赞同。虽然如此，玛臣的异想
天开还是成为了一战神话不可缺少的一部分，还被经常引用为确凿的
事实。

斯巴达 300 勇士在温泉关守卫希腊、抵抗波斯

温泉关（Thermopylae）位于希腊中部的东海岸，是一个易守难
攻的狭窄通道。公元前 480 年，一小支受斯巴达国王领导的希腊部队
于此地连续抵抗 3 天，阻挡了在数量上超过自己几十倍的波斯军队，
300 名勇士全部壮烈牺牲。根据古希腊历史学家希罗多德的记录，这

是一场以少胜多、英勇抗敌的著名战役。乔治·拜伦勋爵是 19 世纪著名的苏格兰诗人。为支援希腊独立战争，拜伦亲赴战场，但不幸死于途中。他曾写下纪念斯巴达 300 勇士的诗句："大地呵！把斯巴达人的遗骨 / 从你的怀抱里送回来一些！ / 哪怕给我们三百勇士的三个 / 让德魔比利的决死战复活！"[1]

　　拜伦用诗句使斯巴达 300 勇士不朽于历史——但是，这只是史实的一部分。尼克·菲尔茨（Nic Fields）在其著作《公元前 480 年的温泉关》（*Thermopylae 480 BC*）一书中指出，"300 名奴隶作为轻装部队与斯巴达重装步兵一道抗敌"。《大英百科全书》也援引说，维奥蒂亚城邦（Boeotia）也派出了 1100 名勇士。约翰·拉曾比（John Lazenby）在《牛津军事史》的一个条目中写道，希腊战士总数"约 6000 人"，其中包括斯巴达人、泰斯庇斯人（Thespians）和底比斯人（Thebans）。《牛津古典世界史》（*Oxford Dictionary of the Classical World*）则认为希腊战士总数"有 6000 到 7000 人"，其中包括斯巴达人、泰斯庇斯人、底比斯人，有可能还有迈锡尼人（Mycenaeans）（这里应该说明的是，若干文献都认为底比斯人有可能在最后关头投降了）。波斯军队人数在数量上远超希腊军队人数，但是希腊军队人数肯定不止传说中的 300 人。

1　这段话节选自拜伦的诗《哀希腊》一诗，穆旦（查良铮）译。

俄国革命中，布尔什维克曾猛攻冬宫

1917 年俄国共产主义革命风起云涌，位于圣彼得堡的冬宫被认为是俄国贵族奢侈生活的象征。二月革命推翻了沙皇专制制度，十月革命后，布尔什维克党开始掌权。但是在政权交替的过程中，布尔什维克的军队在冬宫几乎没有遇到任何抵抗。

布尔什维克党把十月革命中攻占冬宫一事描述成一次英勇的奋战，但是史蒂夫·菲利普斯（Steve Phillips）在《列宁与俄国革命》（*Lenin and the Russian Revolution*）一书中说道，"这是对史实的严重夸大"，因为冬宫"并不是被攻克下的"。真实的情况是，冬宫大门敞开，几乎没有人受伤。汤姆·马斯特斯（Tom Masters）在《圣彼得堡》（*St Petersburg*）一书中写道，这件事只造成了很小的间接损害，"3 枚弹药击中了冬宫，广场一侧布满了弹孔，三楼的一个窗户被击碎了"。

菲利普斯解释说，之所以只需要这么少的武装力量，是因为"临时政府掌握的权力极小"。彼时的临时政府"几乎不值得被推翻"。而且，历史学教授彼得·凯内兹（Peter Kenez）在《苏联史始末》（*A History of the Soviet Union from the Beginning to the End*）一书中表示，尽管围攻者人数较少、无甚组织，但这"并没有关系"，因为临时政府直到最后一刻"也没有得到什么武装力量的支持"。

英国军官阿尔佛雷德·W. 诺克斯（Alfred W. Knox）在其回忆录

《与俄军同行：1914-1917年》（*With the Russian Army, 1914-17*）一书中也证实，"因为没有粮草，临时政府的人已经饿了两天，都各自逃走了，实际守卫冬官的人并不多"，他还说，"没有一个强有力的领导人来发号施令和执行纪律。因为饥饿，人们已经没有心思战斗了"。诺克斯表示，"冬官里只剩下哥萨克人，他们表示自己反对流血杀戮！……晚上10点的时候，绝大多数少尉都撤退了，只留下少数守军、工程学校的少尉和妇女军守卫冬官"。

美国记者约翰·里德（John Reed）在其1935年出版的《震撼世界的十天》（*Ten Days That Shook the World*）一书中回忆道，次日凌晨2点，革命者的队伍"就像一条黑黝黝的河水，顺着街道一直向前奔流着，没有唱歌，也没有呼喊口号，当我们穿过红色拱门的时候……冬官正门两旁的便门都敞开着，里面倾泻出灯光"[1]。里德和他的同志们夹在人群里，"涌进了右首的入口，这入口通向一个巨大而空荡荡的拱形房间"[2]。里德说抢劫刚刚开始，就听到有人大声喊道："同志们！不要拿任何东西！这是人民的财产！"

他继续写道，人们没有对士官生（yunkers）施以任何暴行，尽管"那些士官生已经吓得魂不附体了"[3]。革命者们大声责问道："现在，你们还要再拿起武器来与人民为敌吗？"士官生回答道"不敢了"，

---

1 这句话出自《震撼世界的十天》，约翰·里德著，郭圣铭译、卞集校，人民出版社，1980年，第114页。

2 同上，第115页。

3 同上，第115页。

在这之后，"就让他们自由离开了"[1]。

貌似是演艺界演绎出了攻占冬宫的故事。彼得·凯内兹认为后世从谢尔盖·爱森斯坦（Sergei Eisenstein）导演的《十月：震撼世界的十天》（October）这一电影中熟知了这个故事。但是，"与这位伟大导演执导的作品不一致的是，冬宫并非是被攻克下来的"。迪特里希·肖伊尔曼（Dietrich Scheunemann）撰写的《戏剧与电影中的蒙太奇》（Montage in Theatre and Film）一文收录于扬·范·德·恩格（Jan van der Eng）的《CCCP》一书之中。肖伊尔曼在这篇文章中指出，这部影片的主要场景拍摄成本高昂，赋予了影片"原汁原味的纪录片"的观感。

人们常说革命不流血是痴人说梦，但是这一不流血的历史事件却恰恰发生了。

英国大炮瞄准了错误的方向，导致日本占领了新加坡

1942 年 2 月第二次世界大战期间，人称"马来之虎（Tiger of

1　这句话出自《震撼世界的十天》，约翰·里德著，郭圣铭译、卞集校，人民出版社，1980 年，第 115 页。

Malaya）"的日本陆军中将山下奉文（Tomoyuki Yamashita）攻下新加坡的要塞，成功占领马来西亚，而彼时大英帝国在新加坡有 10 万大军。这场失败让英军脸面无光，因为新加坡要塞一直号称是固若金汤的。弹药短缺的山下奉文选择不与英军正面冲突。在他的指挥下，日军骑着自行车绕道，来到马来半岛后部。据说这一策略取得成功的原因是，英军精良的海岸大炮的朝向是固定的（瞄准大海），无法调转瞄准内陆。理查德·霍姆斯（Richard Holmes）在《牛津军事史》一书中评价此次失败时，引用了温斯顿·丘吉尔的话，说这次失败是"英国军事史上最严重的灾难和最大规模的投降"。如今，"新加坡的炮（the guns of Singapore）"经常被用来比喻方向错误的事情，因为人们认为新加坡的大炮在此次战役中瞄准了错误的方向。

卡尔·哈克（Karl Hack）和凯文·布莱克本（Kevin Blackburn）在其著作《新加坡一定要陷落吗？》（*Did Singapore Have to Fall?*）一书中认为，这一谣言的始作俑者是"于 1942 年 2 月初从新加坡逃跑的老兵和平民"。的确，一位志愿军说，部署在波那维斯达炮台（Buona Vista battery）的 2 门 15 英寸（约 38.1 厘米）大炮"从未开过火"。《泰晤士报》（*The Times*）记者伊恩·莫利森（Ian Morrison）也相信这一说法。在其 1942 年的作品《马来亚附笔》（*Malayan Postscript*）中，他说大炮"嵌在混凝土里，无法调转头来瞄准内陆"。他还补充说"大多数大炮从未开过火"。丘吉尔在 1951 年写成的《第二次世界大战回忆录》（*Memoirs of the Second World War*）一书中收录了一封来自陆军元帅阿奇博尔德·韦维尔（Archibald Wavell）的电报。该电报承

认，"许多（大炮）只能瞄准大海的方向开火"，并且"新加坡要塞
就是为了防御海上进攻而修建的"。

　　尽管这些证据让人恨恨不已，但是罗伯特·考利（Robert
Cowley）与杰弗里·帕克（Geoffrey Parker）编辑的《军事史》
（*Military History*）一书指出，"事实上，所有主要的海岸大炮都可以
360°旋转"。《太平洋战争》（*The Pacific War*）一书的作者艾伦·J.莱
文（Alan J. Levine）对此表示同意，所有的大炮"都可以360°旋转。
它们所防御的海军基地是在半岛的'后部'，面朝内陆"。

　　《牛津第二次世界大战指南》（*The Oxford Companion to World
War II*）一书指出，"大炮是可以360°旋转，朝内陆开火的"，但是"大
炮没有辅助设备或进行陆地战争的合适弹药"。《冲突中的世界》（*World
in Conflict*）一书的作者戈登·B.格里尔（Gordon B. Greer）对此表示
同意。他说"即便大炮朝北开火，并有充分适合的弹药供给，这些大
炮在这场战役中也不会发挥很大用处"。他继续解释说，能够真正击
退入侵日军的是"轻型火炮和自动武器"。

　　所以，新加坡陷落时，英国大炮瞄准了错误的方向的说法只不过
是人们信口找来的理由。理查德·霍姆斯认为，这场战役失利的原因
大家再熟悉不过了，"战前防御策略失当，所提供的资源太少，许下
的承诺无法履行"。（此外，缺少对抗自行车的武器也可能是失利的
一个原因。）

第 5 章

不靠谱的民间英雄传说

住在诺丁汉雪伍德森林的罗宾汉

关于罗宾汉的原型众说纷纭，但是目前仍没有这一侠盗究竟是谁的定论。J. C. 霍尔特（J. C. Holt）在《牛津国家人物传记大辞典》（*Oxford Dictionary of National Biography*）一书中收录了一个 13 世纪中叶的词条，这一词条与 1261 年伯克郡（Berkshire）的"国王债款收取官的备忘卷轴"有关。根据卷轴内容，桑德福的普赖尔（Prior of Sandleford）虽然"在无正当理由的情况下占有了逃犯威廉·罗宾汉（William Robehod）的动产"，但是他却被赦免了。不过，J. C. 波拉德（A. J. Pollard）在《罗宾汉想象》（*Imagining Robin Hood*）一书中总结道，罗宾汉是"纯属虚构"的。

根据现有的文字记录，14 世纪时，罗宾汉首次成为文学创作的题材。威廉·兰格伦（William Langland）在其宗教诗《农夫皮尔斯》（*Piers Plowman*）中写到这样一个人物，他称："我只会唱罗宾汉的谣曲。"[1] 霍尔特认为梅德·玛丽安（Maid Marian）这个角色于 16 世纪出现，是"完全虚构的文学人物"。但是，塔克修士（Friar Tuck）则是生活在 15 世纪的真实人物。他本人名叫罗伯特·斯塔福德（Robert Stafford），是苏塞克斯的一位牧师。根据霍尔特的说法，这个恶棍牧

---

1 这句话出自《农夫皮尔斯》，威廉·兰格伦著，沈弘译，中国对外翻译出版有限公司，1999 年，第 67 页。

师是一伙烧杀抢掠、无恶不作的强盗头目。

罗宾汉的传奇故事与诺丁汉郡的雪伍德森林 (Sherwood Forest) 密不可分。安德鲁·温顿（Andrew Wyntoun）在 1420 年完成的《原初编年史》（*Orygynale Chronicle*）一书中写道，"小约翰（Litil Iohun）和罗宾汉（Robert Hude）"是"英格尔伍德（Ingilwode）和巴恩斯代尔（Bernnysdaile）"两地美名远扬的绿林英雄，他们"在那里过活"。根据这一关于罗宾汉的早期描述，这群绿林英雄要么生活在约克郡（Yorkshire）的巴恩斯代尔（Barnsdale），要么生活在拉特兰郡（Rutland）的巴恩斯代尔森林（Forest of Barnsdale）里。

1450 年，在安德鲁·温顿完成自己的著作约 30 年之后，史诗民谣《罗宾汉传奇》（*Gest of Robyn Hode*）编写完成。

这一作品也认为罗宾汉居住在巴恩斯代尔，因为其中有这么一句诗："我乃巴恩斯代尔的罗宾汉。"但是，各种传说也提到了这位"诺丁汉威风的绿林头领"。据传，尽管罗宾汉的根据地在"巴恩斯代尔"，但他也说过"今日我将前去诺丁汉"，虽然远游在外时，"我深深思念着巴恩斯代尔"。（本民谣里"巴恩斯代尔"一词有多种拼法。）霍尔特认为"《罗宾汉传奇》的主要背景设定于约克郡的温特布里奇（Wentbridge）和西赖丁（West Riding）区的巴恩斯代尔"。

罗宾汉

人们认为罗宾汉来自诺丁汉，居住在雪伍德森林的主要原因有可能是因为 19 世纪的作家沃尔特·司各特爵士（Sir Walter Scott）。司各特爵士从来不会让事实的真相毁了一个好故事。司各特爵士于 1819 年写成著名的《劫后英雄传》（*Ivanhoe*）一书。在该书中，他为罗宾汉设定的故事背景是 12 世纪的诺丁汉郡，其中罗宾汉向国王查理一世（King Richard I）自报家门，"我的国王，请不要再叫我洛克斯里（Locksley）……我乃雪伍德森林的罗宾汉"。自此，罗宾汉就一直是雪伍德森林的罗宾汉了。

残杀过大量印第安人的拓荒者丹尼尔·布恩

阿巴拉契亚山脉一向是美国印第安人的狩猎场。美国早期的拓荒者丹尼尔·布恩（Daniel Boone）有可能就是穿越了这座山脉，带领拓荒者们在肯塔基州定居。但在这一过程中，他没有开枪射杀过大量原住民。约翰·麦克·法拉格（John Mack Faragher）在其传记《丹尼尔·布恩：一位美国拓荒者的传奇一生》（*Daniel Boone: The Life and Legend of an American Pioneer*）一书中写道，布恩的后代"一直不认可布恩残杀过大量印第安人的说法"。的确，根据《我的父亲：丹尼尔·布恩》（*My Father: Daniel Boone*）中收集的对布恩儿子内森·布

丹尼尔·布恩

恩的采访内容我们了解到，丹尼尔·布恩"只承认自己亲手杀死过……一个印第安人"。

彼时，布恩发现自己被一条河流挡住了去路，而河边一棵倒下的树上坐着一个正在垂钓的印第安人。布恩描述这个印第安人随后"一头栽到了河里"。这句话是说，布恩为了继续赶路，开枪打死了这个印第安人。但是他却"不愿意直截了当地承认"，因为这位印第安人之死"为布恩打开了逃生大门"。法拉格说，"高寿的布恩承认他的一生中只杀死过几个印第安人，这一位就是其中的一个"。内森·布恩也补充说，他的父亲"认为自己在其他时候也杀过几个印第安人"，换句话说，尽管布恩无心伤人，但是子弹无眼，有时杀人并不是他的本意。

如果说丹尼尔·布恩并没有残杀过大量的印第安人，那他肯定宰杀过几头熊吧？据说，布恩曾在两棵树上刻过字，如今这两行刻字都颇有名气。其中一棵树位于田纳西州的华盛顿县，上面刻着"1760年，丹尼尔·布恩于此树旁杀熊一头（D. Boon Cilled A. Bar on Tree in the year 1760）"。另外一棵树现存于路易斯维尔（Louisville）的菲尔森历史协会博物馆（Museum of Filson Historical Society），上面刻有"1803年，丹尼尔·布恩杀熊一头（D. Boon Kilt a Bar, 1803）"的字样。从刻在树上的英文原文中我们可以看出，布恩的单词拼写水平在这 40 多年内并没有什么长进。诚然，一些生活在 18 世纪的人会在不同的场合，以不同的方式拼写自己的名字。但是法拉格表示，布恩"一直都把自己的名字拼写为 Boone，而不是发音相同、只是末尾没有字母 'e' 的 Boon"。法拉格认为，这两行刻字用的都是识字较少的人才会用的"Boon"一词，这表明它们都是伪造的。

蒂莫西·弗林特（Timothy Flint）于 1833 年写成《肯塔基定居第一人：丹尼尔·布恩传记体回忆录》(*Biographical Memoir of Daniel Boone, The First Settler of Kentucky*) 一书。该书基于布恩的回忆，对布恩的一生进行了一番修饰渲染，其中与熊搏斗就是一个例子。弗林特说道，布恩眼见一枪没有打中这头"母熊"，就拿出了他的刀。被激怒的母熊"暴跳着朝布恩扑去，它举起巨大的双爪，想要一把抓住布恩。布恩举起刀，朝母熊刺去，母熊被逼退后，身体压在了树上。布恩一把刺了过去，只见整把刀都刺入了母熊体内，然后母熊软绵绵地倒在了地上"。多英勇的人啊……

法拉格说，有人曾询问布恩是否迷过路，这位美国荒蛮西部无所畏惧的拓荒者回答说，"我不能说自己从未迷过路，曾经有一次我连续三天都找不准方向"。这样看来，布恩还是一位为人谦虚的英雄。法拉格引用布恩自己的话做结："与我相关的许多英雄壮举和勇武冒险只是人们的幻想而已。世人为我创作了许多故事，但是我也仅仅是一介凡人罢了。"

射中其子头顶苹果的威廉·退尔

　　威廉·退尔（William Tell）是 14 世纪瑞士的民族英雄，因为用弩箭射中放在自己儿子头顶的苹果而出名。前往瑞士阿尔道夫旅游的游客可以欣赏到一座壮观的威廉父子雕像。这座雕像把我们带到了 1307 年。根据传说，当时统治瑞士的奥地利总督赫尔曼·盖斯勒（Hermann Gessler）是位出了名的暴君，为了宣扬其尊贵地位，他下令将自己的帽子绑在阿尔道夫广场的柱子上，并要求每个在此经过的人——正如 19 世纪德国剧作家弗里德里希·冯·席勒（Friedrich von Schiller）所说——"对帽子鞠躬行礼"。威廉·退尔拒绝对帽子鞠躬行礼，因此被捕。作为惩罚，退尔的儿子头上被放了一个苹果，总督命令"退尔以箭射苹果，射中，方得免罪"！退尔拉弓射箭，一射即中，但是随即他说："如我不幸射中孩子，那第二支箭就会瞄准大人的心脏。"总督听后大怒，下令追捕退尔。神射手退尔拉开弩，射出一箭，杀死了奸恶的总督。

　　不过幸好，历史上并没有一个瑞士幼童被要求头顶苹果，等待父亲射中苹果来解救自己。因为《大英百科全书》一书告诉我们，"尚无证据表明……历史上真有退尔其人"。

　　根据乔纳森·斯坦伯格（Jonathan Steinberg）撰写的《为什么是瑞士？》（*Why Switzerland?*）一书，我们了解到，"退尔百步穿杨的故事最早出现在 1474 年的《萨尔嫩白皮书》（*White Book of Sarnen*）

威廉·退尔

一书中。《韦氏文学百科全书》（*Merriam-Webster's Encyclopedia of Literature*）认为埃吉杜斯·丘迪（Gilg Tschudi）写于 18 世纪的《海尔维第编年史》（*Chronicon Helveticum*）中出现了这一经典题材。席勒则创作了《威廉·退尔》（*William Tell*）一剧，该剧的一份 1804 年的副本前言写道，这一故事取材于一个"全世界的传奇，这一传奇后来以 15 世纪的瑞士为背景"。反叛者退尔的故事后来"成为了瑞士森林州（Forest Cantons）人民团结反抗奥地利压迫历史的不可分割的一部分"，激励着全体瑞士人民站起来反抗奥地利的统治。

1829 年，意大利作曲家焦阿基诺·罗西尼（Gioacchino Rossini）以席勒剧作为蓝本创作了歌剧《威廉·退尔》（*William Tell*），这一故事自此变得更为出名了。歌剧《威廉·退尔》全长 6 小时，如今已很少会全本演出。

当然，带有传奇色彩的威廉·退尔并不是为了炫耀自己的射箭技艺，因为他是为了解救自己的孩子而被迫这么做的。但是他的娴熟技艺为他赢得了胜利。遗憾的是，美国作家威廉·S. 巴勒斯（William S.

Burroughs）枪杀妻子则是另一回事了。1951 年，酒醉之后的巴勒斯在和第二任妻子琼玩名叫"威廉·退尔"的游戏时，不小心开枪误杀了自己的妻子。这件事说明，在一名对枪支心存执念的醉酒小说家面前，头顶苹果永远是个错误的做法——这一教训对我们所有人都有所裨益。

夜奔康科德报信的保罗·列维尔

美国独立战争爆发初期，美国民族英雄保罗·列维尔（Paul Revere）曾夜间骑马报信，他的这一英雄事迹广为传颂。军事历史学家约翰·塞尔比（John Selby）在其著作《约克城之路》（*The Road to Yorktown*）中写道，英军将领托马斯·盖奇（Thomas Gage）接到命令，要求其"解决叛乱"。1775 年 4 月 18 日，盖奇下达秘密指令，要求"占领康科德 (Concord)，摧毁军火库"，同时注意不要"掠夺居民财产或损害私有财产"。但是，当晚，在得知整个镇上的人都在悄声议论英军将会"失败"的时候，他惊慌失色——看起来，他的美国妻子把这一机密告诉了当地居民，揭破了忠心一片的假象。这样一来，盖奇的处境十分尴尬。尽管盖奇知道康科德的弹药将会被转移，但他仍决定继续出兵——有可能他是希望缴获一些火炮，向上级表示自己执行了命令。罗伯特·哈维（Robert Harvey）在《几个流血的鼻子》（*A Few*

Bloody Noses）一书中认为这是一个"毁灭性的误判"。

保罗·列维尔经常被描述为是一个无私的人，他在乡间骑马驰骋，给大家报信说英军即将到来。但是，这只是列维尔的职责所在。1798年，列维尔致信杰里米·贝尔纳普（Jeremy Belknap）时写道："我受波士顿地方行政委员会雇佣，把他们的急件送到纽约和费城，为在这两个地方举行的大陆会议传递信息。"同为造反派的约翰·汉考克（John Hancock）和塞缪尔·亚当斯（Samuel Adams）被误认为是此次英军行动要抓捕的人。列维尔同另一位通信兵威廉·道斯（William Dawes）一同被派往前去莱克星顿（Lexington）送信（而不是前去康科德），以警告二人英军即将实施抓捕。

近一百年后的 1863 年，亨利·沃兹沃思·朗费罗（Henry Wadsworth Longfellow）以此为蓝本写下不朽诗歌《保罗·列维尔星夜飞驰》（*Paul Revere's Ride*）。全诗以"孩子们，听着，听我讲故事 / 讲保罗·列维尔星夜飞驰"[1] 开篇，随后虚实结合。朗费罗在诗中写道，列维尔等待着灯笼信号灯，"（英国人）陆路来，挂一盏 / 海上来，两盏 / 我守在对岸，等信号一亮 / 就快马加鞭，把警报传遍 / 苏塞克斯的村落和农庄 / 叫乡亲们起来，武装抵抗"[2]。但是《牛津简明美国文学指南》（*The Concise Oxford Companion to American Literature*）一书指出，"列维尔从来没有守在对岸，等信号灯亮起"。列维尔在

---

1 这句话出自《朗费罗诗选》，朗费罗著，杨德豫译，人民文学出版社，1985 年，第 119 页。
2 同上，119-120 页。

其信中解释，信号灯是由他本人发出的，而不是为了他而发出的。他会"在北教堂尖塔挂起灯笼作为信号；因为我们知道想要渡过查尔斯河（Charles River）或者横穿波士顿地峡（Boston Neck）是十分困难的"。乔治·F. 希尔（George F. Scheer）和休·F. 兰金（Hugh F. Rankin）在《造反派与英国红衣军》（*Rebels and Redcoats*）一书中说道，列维尔"会快马加鞭飞奔到查尔斯镇（Charlestown），从而告诉大家各个具体细节。但是如果他失败了，他就会挂起灯笼，给上校发出信号，让上校把具体的消息告诉乡民"。

保罗·列维尔

列维尔描述了在梅德福（Medford）夜半骑马报信的情景：他"在去莱克星顿的路上，叫醒了民兵队长……几乎给每家每户都报了信"。在莱克星顿，他又"给亚当斯先生和汉考克上校报了信"。守卫的士兵嫌列维尔太过吵闹，把他痛斥了一顿。大卫·哈克特·费舍尔（David Hackett Fischer）在《保罗·列维尔的骑行》（*Paul Revere's Ride*）一书中记录道，列维尔反驳"喧哗……不久喧哗声会更大！正规军就要来了"。这样看来，这句话有可能就是经常被引用的"英国人就要来了"的出处。费舍尔指出,"当晚的通信兵提到过正规军、英军、国王的军队等称呼,如果他们上过大学的话,还会用'内阁军军队'这个称呼"。但是,他补充说,"没有确凿证据表明,哪个通信兵大喊过'英国人就要来了'这句话"。原因其实很简单,因为"在 1775 年,马萨诸塞州的人民依然认为自己是英国人"。根据费舍尔的描述,有人询问殖民地居民杰森·拉塞尔(Jason Russell)为什么要准备防御、保护自己的房屋时,他回答说"家就是英国人的城堡"。

在莱克星顿,列维尔、道斯(因为耽搁了行程,之后才来到莱克星顿)、亚当斯和汉考克意识到,来势汹汹的英军人数众多,显然不是为了逮捕两个反叛者那么简单。(《大英百科全书》也证实说,"英军根本就没有搜捕他们"。)所以,四人推测英军的目标是康科德的军火库,这一推断十分正确。列维尔、道斯和萨缪尔·普莱斯科医生(Dr. Samuel Prescott)骑上马,向康科德疾驰而去,"以便保护那里的军火库……同时,我也说我们最好给去康科德沿途的所有居民报信"。

在朗费罗的笔下,列维尔达到了自己的目的,"教堂的大钟敲响两点 / 他纵马来到康科德桥边"。但事实上,列维尔和道斯中途被英军截下,并没有到达康科德。《牛津美国历史指南》(*The Oxford Companion to United States History*)一书中的一个条目写道,"列维尔被拘留了几小时"。列维尔和道斯二人都丢了马,列维尔的马被一位"掷弹兵团的中士"抢走,因为他觉得列维尔的马更好。两人最后徒步返回了莱克星顿。列维尔记录说,普莱斯科"纵马一跃,跳过了一堵低矮的石墙"。所以,"到达康科德的人"是普莱斯科。(孩子们,听着,听我讲故事/讲其实是萨缪尔·普莱斯科星夜飞驰的故事……)

人们一般认为,列维尔骑马夜奔的义举让莱克星顿的殖民地居民有了可以提前准备的宝贵时间。但是,罗伯特·哈维认为列维尔"过早地"给革命者报了信。列维尔一报信,大家就全部出动。塞尔比也说,英军还需几小时才能到来,所以大家就地解散,并"得到指示,让大家听到鼓声时再集合起来"。

黎明时分,盖奇的英军终于到达了莱克星顿。在詹姆斯·肯德尔·霍斯默(James Kendall Hosmer)于1886年写成的传记《塞缪尔·亚当斯:市民大会代表》(*Samuel Adams the Man of the Town-Meeting*)中,亚当斯"与汉考克飞奔穿过田野,从莱克星顿来到了沃本(Woburn)",在一位朋友家避难。亚当斯大声喊道:"一个多么光荣的清晨!"

然而在莱克星顿,光荣只延续了一小段时间。双方都接到严格命令,禁止第一个开枪。《美国历史实录》(*The Great American History Fact-Finder*)一书写道,"没有人知道究竟是哪方先开的枪"。哈维认为,双方军队都紧张不安,彼此又都在射程以内,因此"就发生了这样的惨痛意外"。双方军队均有伤亡,殖民地居民因为寡不敌众,不得不选择撤退。而英军则继续向前,在康科德发起了血战。

第 6 章

以假乱真的政治家趣闻

NAPOLEON WASN'T SHORT

亚伯拉罕·林肯在信封背面写下《葛底斯堡演说》

1863 年，美国内战期间爆发了葛底斯堡之战。4 个月后，人们为在这场战役中牺牲的将士们举行了葬礼。马萨诸塞州演说家爱德华·埃弗里特（Edward Everett）应邀出席发表演说。直到最后一刻，美国总统林肯才得到邀请。让大家惊讶的是，总统不仅同意出席，还主动提出要说几句。

有这么一种说法，林肯在去葬礼的途中，在一个信封背面潦草地写下他的演讲稿。《牛津美国历史指南》一书认为这是大家"虚构出来的故事"，而大家之所以相信这一说法，是因为"在林肯简短的演讲（为时三分钟）之前，埃弗里特已经讲了两小时"。

亚伯拉罕·林肯

大卫·J.艾彻（David J. Eicher）在《葛底斯堡战场》（*Gettysburg Battlefield*）一书中也认为，林肯的演讲稿"不是在路上写的，也不是在一个信封上写的"。的确，艾彻表示"林肯手上共有 5 份副本"，但没有一份是写在信封背面的。他说林肯"在华盛顿就拟好了演讲稿的初稿"。

有人说，林肯的演讲是在事后才被认为是一次伟大的演讲的。诺曼·哈普古德（Norman Hapgood）的《亚伯拉罕·林肯》（*Abraham Lincoln*）一书中表示，在林肯发表完演说后，掌声稀稀拉拉，林肯因此很失望。他对一位同伴说："这是一次彻底失败的演讲，听众们很失望。"但是，《美国历史指南》（*Companion to United States History*）则写道，"林肯的演讲被掌声打断了 5 次"。

塞缪尔·弗拉格·比米斯（Samuel Flagg Bemis）在其著作《美国历任国务卿的外交历史》（*The American Secretaries of State and their Diplomacy*）一书中写道，埃弗里特事后致信林肯，赞扬总统说，"我也想在两分钟内写下我花了两个小时写出的演讲稿，事实是我做不到"。约翰·海伊（John Hay）是林肯的私人秘书。威廉·罗斯科·赛耶（William Roscoe Thayer）在《约翰·海伊生平及信件集》（*The Life and Letters of John Hay*）一书中写道，"总统比平常更为高雅，他神色放松地说着自己借用的钦定本《圣经》的 6 个单词。在音乐的哀诉声中，我们穿过喧闹的拥挤人群回家"[1]。席下的听众刚刚听完埃弗里特两小时的演讲（哈普古德指出其演讲内容已无人记得），有可能无法相信林肯在 3 分钟之内就结束了自己的演讲。也就是说，听众们因为拿不准总统是否演讲完毕，所以不知道是否要鼓掌。

在这一情况下，简明扼要的确是林肯的加分项，但是还不至于短到可以让他在信封背面就拟好稿子。

1　这里说的 6 个单词指的是《葛底斯堡演讲》开篇的 "Four scores and seven years ago（87 年前）"。

贝尼托·墨索里尼让火车准点发车到达

第一次世界大战后，困难重重的意大利铁路系统获得了新的投资。传记作家丹尼斯·麦克·史密斯（Denis Mack Smith）在《墨索里尼》（*Mussolini*）一书中写道，20 世纪 20 年代，"全欧洲人都羡慕意大利的铁路系统"，因为"墨索里尼不遗余力地优化意大利的列车运行服务，让其成为法西斯主义快速高效的象征"。西班牙尤拉莉亚公主（Infanta Eulalia of Spain）也注意到了意大利所谓的铁路系统升级。她在 1925 年写成的作品《一战后的宫廷与国家》（*Courts and Countries after the War*）中写道，"墨索里尼的领导给意大利带来的第一个变化，在人们穿越意大利边境，听到 'Il treno arriva all' orario'（火车准点到达）的叫喊声时，就会感受到。"的确，《牛津当代名言词典》（*Oxford Dictionary of Modern Quotations*）一书中就收录了墨索里尼说的一句很出名的话。他在给一位车站站长下达指令时说道，"我们必须准时出发……从现在开始，一切都要完美运行起来"。

上级的理想虽然远大，但下级在执行过程中，总会有面子工程出现，这也是政界的通病。根据彼得·内维尔（Peter Neville）所写的《墨索里尼》（*Mussolini*）一书，"事实上，1922 年之前，意大利就开始修建轨道地基了"，而墨索里尼于 1922 年才掌权。尽管据说铁路系统得到了优化，但是麦克·史密斯表示，"一些旅行者说，至少在某种程度上，火车总是准点出发到达的这个出名说法只是一个信口编造的谎言罢了"。亚历山大·考克布恩（Alexander Cockburn）在其著作《我们这个黄金时代》（*The Golden Age Is In Us*）一书中转引了美国调查记者乔治·塞尔迪斯（George Seldes）的话："大部分大型特快列车可以准点到达（尽管其他一些旅行者对此也存有异议），但地方列车会晚点很长时间。"

贝尼托·墨索里尼

考克布恩认为，"世界各地上百万的通勤者会记住墨索里尼"，不过是因为"墨索里尼的公关人员对这一说法添油加醋地宣传了一番"。麦克·史密斯也同意墨索里尼的"宣传十分成功"，内维尔认为铁路系统效率的提高是"天花乱坠地宣传墨索里尼的一个成功例子"。

考克布恩认为，"墨索里尼甚至会亲自出手，查禁所有关于铁路事故和列车晚点的报道"。当说到改善意大利铁路系统的时候，墨索里尼似乎最后只成功骗到了西班牙公主。

出生在女厕之中的温斯顿·丘吉尔

英国首相温斯顿·丘吉尔的父亲是伦道夫·丘吉尔勋爵（Lord Randolph Churchill），母亲则是美国社交名媛珍妮·杰罗姆（Jennie Jerome）。罗伊·詹金斯（Roy Jenkins）在其著作《丘吉尔传》（*Churchill: A Biography*）中说道，"1873 年 8 月 12 日，伦道夫·丘吉尔勋爵在考斯帆船赛期间举行的船上舞会上结识了珍妮·杰罗姆，两人一见钟情，三天之后就订了婚"。次年的 4 月 15 日，两人在巴黎的英国大使馆完婚。7 个半月后的 11 月 30 日，丘吉尔出生了。不出意外，丘吉尔的出生引起了人们的猜测，认为丘吉尔的父母是奉子成婚的。当然，另外一种可能就是丘吉尔提前出生了 6 周。

伊丽莎白·凯赫（Elisabeth Kehoe）在《美国贵族》（*The Titled Americans*）一书中转引了伦道夫·丘吉尔勋爵写给岳母克拉拉（Clara）——根据《国家人物传记大辞典》一书，克拉拉的祖先是易洛魁人 [1]——的一封信。在这封信中，勋爵写道，珍妮"没有打麻醉"，而且希望购买的"婴儿用品"能尽快到货，因为他们现在只能向"伍德斯托克律师的妻子"借这些东西。通过这封信，我们可以感受到夫妇二人有点儿焦急，这表明丘吉尔的出生对其母亲来讲是一个意外。

---

[1] 易洛魁人为北美印第安人。

　　有人说，丘吉尔的出生有两种彼此对立的说法。不过，这两种说法只不过是从不同方面描述的同一件事情。所有传记作家都同意丘吉尔出生于牛津郡的布莱尼姆宫（Blenheim Palace），这里是伦道夫勋爵的家族府邸。（二人当时在布莱尼姆宫小住。为了迎接婴儿降生，二人在伦敦的公寓正在装修。）那么问题来了：丘吉尔是在哪间房间里出生的呢？

　　流传最广的一个说法是，珍妮当时正在出席一场舞会，然后在女厕里生下了早产的婴儿。（珍妮绝对会热烈欢迎如此顺利快速的生产的，实际上，她分娩了约 24 小时，已然筋疲力尽了。）

　　第二个说法是基于伦道夫勋爵写给其岳母的信件。詹金斯在其书中引用了这封信的内容。信中写道，"周二，珍妮在射猎会上不小心滑倒了。周六晚上的时候，珍妮没有仔细考虑，就乘坐一架马车在颠簸的路面上行驶，随后就疼得更厉害了。我们想方设法止痛，但是一点用都没有"。詹金斯补充道，"伦敦来的产科医生和牛津郡的助产士都无法及时到达，珍妮在疼痛中度过了 24 个多小时。当时在场的只有伍德斯托克的乡村医生，周一一大早，婴儿出生了"。这封信从没有说珍妮是在什么女厕快速生出孩子的。

　　威廉·曼彻斯特（William Manchester）在其作品《最后的雄狮》（*The Last Lion*）中将这两个说法串了起来。他写道，周二时，珍妮滑倒；周六晚上，如伦道夫勋爵所说，珍妮坚持要参加"在布莱尼姆宫举行的一年一度的圣安德鲁舞会"。（伦道夫勋爵有可能在给岳母写信时，狡猾地隐瞒了珍妮参加舞会的事情，而骗她说珍妮乘坐了一架马车。）

曼彻斯特说，珍妮当时正在"舞池里踮着脚尖旋转着，然后突然感到了疼痛"。他说珍妮急忙赶回自己的卧室，但是在途中"晕倒了"，别人只能"把她抬到布伦海姆大厅附近的一个小房间内"。根据《牛津郡历史：卷12》(*A History of the County of Oxford, Volume 12*) 的描述，这个"小房间"被称为"琼斯教长房 (Dean Jones room)"，是大厅西首的一个小房间。当晚，这间房间是"女士衣帽间"，用来放女宾的"天鹅绒披风和羽毛披肩"。衣帽间一词最初指的是放外套的房间，而现在则是一个委婉语，指代有洗手间的房间。所以，我们现在知道了这么一个小房间是如何先变成女士衣帽间，后又变成女厕的过程。

事实上，温斯顿·丘吉尔爵士出生于一个周一的清晨，其母亲分娩的地点是布莱尼姆宫内一间设施完善齐全的房间，并且当地的医生全程看护。每当别人打趣丘吉尔的出生环境时，丘吉尔就会这样回答："尽管当时我在场，但是之前发生的种种事情我都记不清楚了。"

特拉法尔加海战时，纳尔逊主动求死

据说，1805 年，在对抗法军的特拉法尔加海战 (Battle of Trafalgar) 中，英国海军司令霍雷肖·纳尔逊子爵 (Viscount Horatio Nelson) 决意与自己的"胜利号"战舰共存亡。之所以有这种说法，是因为海战爆发的当天早晨，纳尔逊身穿双排扣长礼服，礼服左胸口位置缝有"朝此开炮"的星状图案。随船军医威廉·比蒂医生（Dr. William Beatty）正要劝阻纳尔逊时，纳尔逊就下令让他和其他岗位不在甲板上的军官都回到自己的岗位上。据说，纳尔逊之后在甲板上来回走动，有可能是希望敌方的狙击手可以射死自己。

战舰舰长托马斯·哈代（Thomas Hardy）在《海军中将纳尔逊子爵快件及信件》（*The Dispatches and Letters of Vice Admiral Lord Viscount Nelson*）一书中说，"自船从朴茨茅斯港出发后，纳尔逊就一直穿着同一件外套。那是一件纯蓝的外套，按照惯例绣有巴斯勋章（Star of the Bath）图样"。比

霍雷肖·纳尔逊

蒂在同一本书中也说，纳尔逊子爵"和往常一样，身穿海军上将的双排扣长礼服，左胸口有四枚不同的星状勋章，他平常一直会佩戴这四枚勋章"。我们推测，因为纳尔逊的死法和这个说法里说的一模一样（被法军狙击手射杀），人们便很容易认为纳尔逊一直有求死的心态。

根据 A.M. 罗杰（A.M. Rodger）在《国家人物传记大辞典》撰写的词条内容，"没有证据

表明纳尔逊是有意求死或因为鲁莽而被射杀的"。汤姆·波科克（Tom Pocock）在《霍雷肖·纳尔逊》（Horatio Nelson）一书中也补充说，可以确定的是，纳尔逊是期盼回家的，在两天之前写给女儿的信中，他说，"感谢你的祈祷，我会确保自己安全回家……快快回到亲爱的默顿"。

科波克解释说，"朝此开炮"的星状图案是"绣在纳尔逊衣服上的图案，代表自己获得过的勋章"。当时的爵士们都会时刻佩戴着自己获得的勋章。纳尔逊在外套上绣上这四颗星状图案是为了节省时间：这样衣服上就一直有代表勋章的图案，不用老是佩戴真的勋章了。

身材矮小的拿破仑·波拿巴

一说到 18 世纪晚期法国皇帝拿破仑的矮小身材，人们总会有很多不同说法。根据许多传记的描述，拿破仑只有 5.2 英尺（约 1.58 米）。法国传记作家克劳德·弗朗索瓦·梅尼瓦尔（Claude François Méneval）在其 1910 年的作品《拿破仑·波拿巴回忆录》（*Memoirs of Napoleon Bonaparte*）中说，"拿破仑中等身高（大概 5.2 英尺），身强力壮"。

德斯蒙德·格雷戈里（Desmond Gregory）的《非一般将军》（*No Ordinary General*）一书中转引了与拿破仑同一时代的英国人亨利·班

伯里爵士（Sir Henry Bunbury）描述拿破仑的话。亨利·班伯里爵士说拿破仑晚年有"5.6 英尺（约 1.7 米）"。英国观察员约瑟夫·法明顿（Joseph Farington）在其写于 1802 年的《法明顿日记》（*The Farington Diary*）中写道，拿破仑是"中等身高以下"。尽管法明顿的一位同事认为拿破仑有 5.7 英尺（约 1.73 米），但是法明顿认为拿破仑"不到 5.6 英尺"。让·迪阿梅尔（Jean Duhamel）在其著作《拿破仑在英国的五十日》（*The Fifty Days: Napoleon in England*）一书中称，拿破仑身高"约 5.6 英尺，并且……体格健壮"。

为什么英国人和法国人在拿破仑身高一事上会有不同的说法呢？我们可以从拿破仑私人秘书路易·安托万·福弗莱·德·伯利恩（Louis Antoine Fauvelet de Bourrienne）编撰的一本书的脚注中得到答案。根据这一脚注，一份 1784 年（拿破仑 15 岁）的学生成绩报告单如是写道："即，波拿巴先生（拿破仑）1769 年 8 月 15 日出生，身高 4 英尺 10 英寸 10 英分（约 1.5 米）。这一高度的实际单位是法国尺寸，而自 19 世纪初开始，法国尺寸指代的长度要比英国尺寸长。坎贝尔·墨菲特在其 1847 年的著作《肥皂蜡烛生产应用化学》（*Chemistry Applied to the Manufacture of Soap and Candles*）中写道，1 法尺（French foot）等于 1.066 英尺，1 法寸（French inch）也等于 1.066 英寸。（1 英寸等于 12 英分，1 法分等于 0.0888 英分。）这样说来，以英国尺寸计算，15 岁的拿破仑的身高为 5.3 英尺（约 1.61 米），这一高度比有些人说的成年时拿破仑的身高还高 1 英寸。

1821 年，拿破仑去世。之后，官方认定他的身高为 5.2 法尺，即

5.6 英尺。当时法国男性的平均身高为 5.5 英尺（约 1.67 米），英国男性的身高稍高。所以，这位法国皇帝的身高是稍高于平均身高的。拿破仑并不是特别高的人，但他也不是特别矮的人。正如梅尼瓦尔所说，拿破仑是"中等身高"，除非已经去世的拿破仑是在英国治下死去的，他的身高才会以英国尺寸计算。

拿破仑·波拿巴

阿道夫·希特勒做过油漆匠

希特勒在自传《我的奋斗》（*My Struggle*）一书中提到了自己的一个夙愿："我愿成为一名画家——是那种艺术家类型的画家。"他要澄清这一点大概是怕读者认为自己只想当个油漆匠。他补充说，"我在绘画上的天赋是人所共知的"。他并没有说是被谁人所知，但至少不是他的父亲。他的父亲对艺术不甚热情，大声喊道："艺术家！只要我还活着，你就别想。"

希特勒不为所动，深信自己是所在绘画班上"迄今为止最好的学生"，并且会"大获成功"，于是他前往维也纳美术学院（Academy of Fine Arts in Vienna）求学。但是，年轻的希特勒虽然希望在艺术上大展宏图，但是他接连两次都未能通过美术学院的入学考试，他的艺术道路遇到了阻碍。希特勒写道，当他质问学院院长为什么做出这么无情的决定时，得知"他们看过我带来的素描作品后，认为我显然不是绘画人才"。

　　尽管如此，在这一时期，希特勒仍靠出售手绘明信片勉强维持着生活。有少数史料认为，一所涂装装潢公司根据希特勒的绘画才能，曾和他签订在维也纳艺术史博物馆（Kunsthistorisches Museum）工作的临时合同。没能走上艺术道路的希特勒后来成为了狂妄自大的独裁者。他宣称为了能同群众打成一片，自己曾做过许多卑贱的工作，包括铲雪工、行李员和拍打地毯工。但是，希特勒貌似从未承认自己做过油漆匠。

　　1939 年 10 月 4 日，法国报纸《玛丽安周报》（*Marianne*）在头版刊登了丹麦摄影师雅各布·柯德加（Jacob Kjeldgaard）合成的一张照片。在这张照片上，希特勒的照片与一张店面的照片合在一起，看起来就好像是希特勒正在粉刷这个商店的门面。图片下方写着这样一行说明：要是每一个人都安分守己，做着自己工作的话，那如今这个世界依然还是和平一片。自此，关于希特勒曾做过油漆匠的这一说法就流传开来了。

第 7 章

扑朔迷离的女性传奇

NAPOLEON WASN'T SHORT

戈黛娃夫人曾裸体骑马绕行考文垂大街

盎格鲁 - 撒克逊的戈黛娃夫人（Lady Godiva）生活在 11 世纪的麦西亚（Mercia）——今英格兰中部，是麦西亚伯爵利奥夫里克（Leofric, Earl of Mercia）的妻子。戈黛娃也称歌蒂梵（Godgifu），这个盎格鲁-撒克逊名字意为"上帝的礼物"。画家约翰·柯里尔（John Collier）于 19 世纪晚期以戈黛娃夫人为原型创作了一幅画。在这幅画中，戈黛娃夫人双腿跨在马背上，传说中的长发被放了下来，但几乎没有遮掩住身体。

《蝴蝶化羽》一书的作者罗伯特·甘博斯（Robert Gambles）说道，"大多数中世纪编年史家只要遇到什么'轰动新闻'，就会把它记下来"。但是，丹尼尔·多诺霍（Daniel Donoghue）在其信息量很大的作品《戈黛娃夫人》（*Lady Godiva*）一书中说道，戈黛娃死后的 1 个多世纪以来（戈黛娃夫人死于 1080 年），"甚至没有一个书面记录稍稍提及了这场传奇性的骑马绕行，也没有提及与这个事情有关的话题，比如戈黛娃夫人是为了减轻人民赋税而裸体骑在马上的"。《企鹅女性传记词典》（*The Penguin Biographical Dictionary of Women*）一书称，"戈黛娃夫人裸体骑行这件事是没有事实根据的，也没有与她同时代的证据表明她曾去过考文垂（Coventry）"。

根据《沃里克郡史》（*A History of the County of Warwick*）第八卷内容，戈黛娃夫人的这个传说源自 13 世纪编年史家温德沃尔的罗杰

（Roger of Wendover）。温德沃尔的罗杰曾于1235年撰写书名优美的《历史之花》（*Flowers of History*）一书。在这本书中，他记录了利奥夫里克和他虔诚的妻子戈黛娃的善行，并说利奥夫里克于1057年去世，葬礼也于同年举行。但在写到戈黛娃的裸体骑马绕行的故事时，作者似乎忘记了自己在上文说过利奥夫里克已经去世了。罗杰写道，"戈黛娃伯爵夫人"渴望"考文垂居民能摆脱繁重的赋税"，但是刚刚还是仁慈心肠的利奥夫里克（别忘了，原先的段落还说他已经死了）却不同意。所以，"同所有女性一样执拗的戈黛娃总是在丈夫面前提起这件事"，利奥夫里克对妻子不断地求情感到厌烦，就与妻子打赌——妻子"要赤裸身躯骑马走过城中大街，穿过集市，妻子回来后，就会满足妻子的要求"。利奥夫里克自认为事情到此就结束了，没想到"伯爵夫人——上帝虔诚的追随者——放下了自己的秀发，轻纱一般盖住了自己的身体。随后，伯爵夫人坐上马，在两位骑士的护送下，骑马穿过了市集。人们只能看到夫人的一双玉腿，除此之外，什么也看不到了"。利奥夫里克信守承诺，"减免了考文垂居民的赋税"。罗伯特·甘博斯认为这一故事的蓝本有可能是一段已经散佚的编年史，其作者是考文垂修道院院长杰弗里（Geoffrey），写作日期为1216年至1235年之间。

14世纪英国编年史家拉努夫·希格登（Ranulf Higden）修道士在其著作《编年史》（*Polychronicon*）一书中说道，因为妻子要求，利奥夫里克"免除了考文垂居民的赋税（征收的马税除外）"。戈黛娃赤裸着身体骑在马上，穿过城镇中央，城镇里的居民对她十分敬佩。

戈黛娃夫人

16 世纪编年史家理查德·格拉夫顿（Richard Grafton）在其著作《格拉夫顿编年史》（*Grafton's Chronicles*）一书中也补充说，"人人都得待在家里，房门紧闭，不能出声"。《沃里克郡史》一书中注解说，一首 17 世纪的叙事诗歌写道，有人"放下了窗户"，于是戈黛娃的马儿嘶嘶叫了起来。在这一个版本中，除了征收的马税外，考文垂居民都被免除了赋税。

甘博斯表示，如果故事中的赋税是哈德克努特国王（King Harthacnut）为"军队征收的税"的话，利奥夫里克是无权取消的。另一方面，如果这个赋税是地方税收的话，"考文垂是戈黛娃自己的领地"，"她自己……就可以下令征税……，所以她没有理由像编年史所说的还要向丈夫求情"。《大英百科全书》则进一步说道，"爱德华一世（Edward I）统治时期曾进行过一次调查，调查结果表明当时考文垂居民只需交纳马税即可"。也许，之所以会有这么一个故事，是为了解释让众人难以理解的一件事情：11 世纪的考文垂竟会征收马税。

总之，《沃里克郡史》认为，"戈黛娃夫人故事的起源和演绎不过是一个异教神话和仪式，历史上的戈黛娃伯爵夫人并没有这么做过"。

俄国安娜塔西亚女大公逃过了布尔什维克的处决

安娜塔西亚（Anastasia）是俄国末代沙皇尼古拉二世（Tsar Nicholas II）最小的女儿。1918 年，俄国十月革命后，沙皇及其一家被布尔什维克囚禁在了叶卡特琳堡（Yekaterinburg）一所房子的地窖里，之后全家被处决。

布尔什维克卫兵帕维尔·梅德韦杰夫（Pavel Medvedev）当时就在现场。马克·法罗（Marc Ferro）所写的《尼古拉二世》（*Nicholas II*）一书中收录了梅德韦杰夫的证词，"午夜时，犹若夫斯基指挥官（Commandant Yurovsky）……叫醒了沙皇全家……犹若夫斯基命令我'去街上看看有没有人，然后守在门口，听听能不能听到枪声'"。梅德韦杰夫说他"走到了院子里……还没走到街上的时候，就听到了枪声。我立马转身回去（前后只隔了两三分钟），然后……我看到沙皇一家全都倒在了地上，身上有很多伤口"。

这次处决之后，许多声称自己是安娜塔西亚的人出现了，她们希望可以继承罗曼诺夫王朝的财产。其中最有说服力的一位是"安娜·安德森（Anna Anderson）"，很多人都相信她的故事。安娜·安德森出现的时候，一位波兰工厂的女工佛朗兹史卡·夏恩兹柯史卡（Franzisca

尼古拉二世一家

Schanzkowska）却失踪了。因此有人怀疑，这两位其实就是同一人。1938 年，关于安娜·安德森身份的听证会开始，一直持续了 30 多年，但却没有确凿的结果。

1984 年，DNA 指纹图谱的出现给这件事情带来了一丝曙光，人们可以利用基因检测的方式调查安娜·安德森的说法是否正确。令人奇怪的是，安娜拒绝进行任何测试。她于同一年去世，死前嘱托他人要火化自己的遗体。这样看来，这一未解之谜可能得不到解答了。但是，后来人们发现，安娜死前进行过一次手术，相关医院还保存着可用的组织标本。20 世纪 90 年代，人们把从安娜的组织标本里提取的 DNA、菲利普亲王（Prince Philip）的 DNA（菲利普亲王母亲的家族是沙皇的远亲）和从沙皇一家的遗骸中提取的 DNA 进行了比较。DNA 专家彼得·吉尔医生（Dr. Peter Gill）总结说，安娜的标本"与俄国安娜塔西亚女大公的……DNA 基因图不匹配"。此外，佛朗兹史卡·夏恩兹柯史卡的甥外孙也提供了自己的 DNA。在与安娜的 DNA进行了对比之后，吉尔医生宣布说"两对 DNA 很匹配"。

大多数权威人士都认为安娜塔西亚和她的家人一起死在了地窖里。但是，仍然有少数人认为安娜塔西亚逃过了一劫。这样说来，尽管这位公主被处决，她仍给后世留下了动人的传说。

宝嘉康蒂救过约翰·史密斯，并与他成婚

同弗洛拉·麦克唐纳（Flora MacDonald）与英俊王子查理（Bonnie Prince Charlie）的凄美爱情故事一样[1]，宝嘉康蒂（Pocahontas）与约翰·史密斯（John Smith）的爱情故事也广为传颂。《牛津简明美国文学指南》一书说道，宝嘉康蒂是印第安部落联盟的酋长波瓦坦（Powhatan）最宠爱的女儿，本名为玛托阿卡（Matoaka），意为"小雪花羽毛"，而"宝嘉康蒂"只是她的昵称，意为"小淘气"。

英国探险家约翰·史密斯于 1607 年到达新大陆。据说，他认为当地土著人民十分"好客"。根据 1608 年完成的《自殖民地第一次在弗吉尼亚垦荒以来发生的各种事件的真实介绍》（*A True Relation of Such Occurences and Accidents of Noate as Hath Happened in Virginia*）一书中介绍，宝嘉康蒂"当时只有 10 岁"，但是她的美貌智慧、热情友好"大大超越了其他族人"。两年后，早期殖民者威廉·斯特雷奇（William Strachey）在弗吉尼亚登陆。在 1612 年出版的《英属弗吉尼亚旅行记》（*The Historie of Travaile into Virginia*

1　1688 年，光荣革命爆发，英国国王詹姆斯二世被废黜，其儿孙长期流亡在外，其中就有英俊小王子查理。查理意图复辟王位，但最后几乎全军覆没。他辗转在苏格兰高地藏身，后来结识了麦克唐纳家族的弗洛拉小姐。弗洛拉帮助王子逃脱了追杀，王子之后顺利逃亡国外。但是复国无望的王子再也没有回来，弗洛拉最终香消玉殒。

Britannia）一书中，他说宝嘉康蒂"大约十一二岁，是个容貌秀丽、淘气顽皮的小女孩……"，并且她还会"赤着身子侧空翻"。本杰明·伯西（Benjamin Bussey）写于 1832 年的《印第安传：卷一》（*Indian Biography, Volume I*）一书中复述了史密斯 1617 年写给安妮皇后（Queen Anne）的信。史密斯在信中写道，宝嘉康蒂"心地善良，富有同情心……我十分尊敬她"。

史密斯晚年的作品有 1624 年的《弗吉尼亚、新英格兰与萨默群岛通史》（*The Generall Historie of Virginia, New England, and the Summer Isles*）和 1629 年的《约翰·史密斯船长欧亚美非探险记》（*The True Travels, Adventures and Observations of Captaine John Smith, in Europe, Asia, Africke and America*）。在这两本书中，他写道，印第安人"抓着他，把他的头放平，打算用木棍敲碎他的脑袋"。"随后，酋长最宠爱的女儿宝嘉康蒂出现了。在恳求无效的情况下，她双臂抱住他的头，俯下身来，把她自己的头搁在他的头上面，想要把他从死神手中救出来"。《企鹅女性传记词典》一书认为，"研究表明，史密斯的故事绝大部分是真实的"，但是该书也指出，因为史密斯不懂得阿尔冈琴语（Algonquian language），所以他很有可能误会了整个状况，"波瓦坦有可能只是让史密斯做出臣服的姿态，作为仪式的一部分，表明这个外来者臣服于他这位最高统治者"。

根据约翰·艾佛雷特-希思（John Everett-Heath）在《简明世界地名词典》一书中所说，史密斯的描述"多半是编造的"，《北美印第安百科全书》（*Encyclopedia of North American Indians*）一书认为，活着的史密斯对酋长的价值更大，"几乎可以肯定的是，他从未有过生命危险"。酋长很有可能只是"收养史密斯做自己的'儿子'"，而宝嘉康蒂只是"扮演了双方都信任的中间人这个关键角色，在双方之间传递食物、礼物和重要信息"。至于史密斯跟宝嘉康蒂的关系，《牛津美国历史指南》一书表示，"认为他们二人有情爱关系是没有依据的"。

1614 年，宝嘉康蒂改信基督教，更名丽贝卡（Rebecca），并与英国殖民者约翰·罗尔夫（John Rolfe）成婚。但是，二人结婚与其说是出于爱情，不如说是英国人和印第安人的联姻，以便巩固双方关系。两年之后，宝嘉康蒂 / 丽贝卡在伦敦得到了国王詹姆斯一世（King James I）和安妮皇后的接见。根据《企鹅词典》（*Penguin Dictionary*）一书所写，"为纪念宝嘉康蒂，她在圣保罗教堂附近停留过的酒馆的名字被更名为'美丽印第安人（Belle Sauvage）'"。悲剧的是，宝嘉康蒂红颜薄命。1617 年 3 月 21 日，年仅 22 岁的宝嘉康蒂在离开格雷夫森德（Gravesend），即将回到弗吉尼亚的时候死去了。根据《企鹅词典》一书所写，"宝嘉康蒂葬于格雷夫森德的圣乔治教堂（St George's），尽管她的墓碑的具体地点已不可查"，但是教堂的圣坛上放有她的牌位。

约翰·史密斯在写给安妮皇后的信中怀念了宝嘉康蒂，说这位年轻的女子"在上帝之下……保佑这片殖民地免受死亡、饥荒和混乱之苦"。

德军间谍玛塔·哈里

第一次世界大战期间，法方指控玛塔·哈里（Mata Hari）为德军间谍，之后玛塔·哈里被行刑队处决。但是，这位声名最为狼藉的女间谍并没有发现什么有价值的情报，她至多只是一名上流社会的交际花而已。

玛嘉蕾莎·吉尔特鲁伊达·泽利（Margaretha Geertruida Zelle）出生于荷兰，曾做过教师（但失败了），还有过一次失败的婚姻。1905年，玛嘉蕾莎以玛塔·哈里（意为"黎明之眼"）为艺名在巴黎登台献艺，表演有异域风情的舞蹈。玛塔·哈里身材高挑、极富魅力，虽然对东印度群岛的舞蹈并不十分熟悉，但是因为愿意在公众面前几乎全裸表演，玛塔·哈里一夜成名。

当她的跳舞事业开始没落时，她只能通过向欧洲军官和政客出卖肉体来养活自己。特里·克罗迪（Terry Crowdy）在《内部敌人》

玛塔·哈里

（*The Enemy Within*）一书中说，"尽管玛塔·哈里一直处于监视之中，但法国人并没有找到对她不利的证据"。莫顿·S. 弗里曼（Morton S. Freeman）所著的《牛津名祖辞典》（*A New Dictionary of Eponyms*）一书写道，1917 年，"审判玛塔·哈里时，公诉人称因为她进行的间谍活动，导致至少 5 万法国人死亡"，不过这一控告并没有相应证据支持。最后，尽管玛塔·哈里是荷兰人（荷兰为中立国），她仍因从事间谍活动而获罪，被判死刑。

《菲利普世界百科全书》（*Philip's World Encyclopedia*）也认为"尽管玛塔·哈里行为可疑，但是现在很少有人认为她是法方指控的秘密间谍"。1999 年，英国军情五处（MI5）对外公布了她的档案。根据该档案内容，没有证据表明她曾传递过重要的军事情报。

弗洛伦斯·南丁格尔在克里米亚战场上护理过伤兵

1855 年，弗洛伦斯·南丁格尔第一次来到克里米亚战场，尝试在这里建立战地医院，也是在这里南丁格尔患上了克里米亚热（Crimean fever）。但是，南丁格尔大部分护理工作是在斯库塔里（Scutari）完成的。斯库塔里临近君士坦丁堡（今伊斯坦布尔），距离战争前线约 200 英里（约 322 千米）。南丁格尔于 1863 年写了

《医院笔记》(*Notes on Hospitals*)
一书。南丁格尔在该书的前言中写
道,"医院需要达到的第一个要求就
是不伤害病人,这个要求也许有点
奇怪",但是正因为有这样的想法,
南丁格尔改善了医院的卫生状况,将
死亡率从 42% 大幅削减至 2%。南丁
格尔之所以会有这样的成就,是因为
她出色的组织管理才能,也就是说她
并没有护理过很多伤兵。

1845 年,当时年轻富有的南丁
格尔希望成为一名护士,要求去索

弗洛伦斯·南丁格尔

尔兹伯里(Salisbury)的一家医院工作。但是南丁格尔的父母不同
意,所以她未能成行。南丁格尔于 1896 年曾致信查尔斯·朗德尔夫
人(Mrs Charles Roundell),回忆说自己是如何到处寻找合格的护
理培训的。她还抱怨说"英国连一个合格的护理培训学校都没有"。
她后来去了德国,在凯泽斯韦特(Kaiserswerth)的基督教女执事研
究所(Institution of Protestant Deaconesses)学习了 3 个月的护理,
人们经常说她在那里接受了全面的培训。不过,南丁格尔继续在信
中说道,她"参加了那里的所有培训",却抱怨说虽然菜园子是由
一位"很有能力的修女打理……但是几乎没有护理工作,卫生状况
也很糟糕"。

南丁格尔随后前往法国，据露西尔·A. 乔尔（Lucille A. Joel）所说，"尽管南丁格尔获准可以巡视医院，但是还是未能和仁爱修女会（Sisters of Charity）一起在巴黎学习"。乔尔说，1853 年，南丁格尔在"一所由贵族女士为生病的女家庭教师开办的慈善医院（其实是疗养院）里无偿担任监护长一职"。《牛津英国历史指南》（*The Oxford Companion to British History*）一书指出，"南丁格尔真正的才干在于管理，她可以把控大局，坚持自己的想法"。所以，南丁格尔立志成为"医院管理方面的专家"。她同军务大臣西德尼·赫伯特（Sidney Herbert）一家私交甚好。当时，赫伯特建议她组建医疗护士队，前往克里米亚，发挥当地急需的她的"管理才能"，改善当地的医疗条件。

南丁格尔的管理才能在斯库塔里创造了奇迹。1855 年，《泰晤士报》通讯员约翰·C. 麦克唐纳德（John C. MacDonald）报道说，"夜晚来临，灯火熄灭后，所有医疗官都休息了，一排排躺着的伤兵也安静了下来。有人看到她手提一盏灯，独自一人在病床间来回走动"。诗人亨利·朗费罗则将南丁格尔写入了自己 1857 年创作的《提灯女郎》（*Santa Filomena*）一诗中："看，就在那愁闷的时刻 / 我看到一位女士手持油灯 / 穿行在暗淡的微光中 / 轻盈地从一间房屋走进另一间房屋。"两个描述都没有说南丁格尔做了护理工作，只是说她在病床间走动巡视。

其实，克里米亚战争期间涌现出了一位更好的护士榜样——牙买加人玛丽·西戈尔（Mary Seacole）。在其自传《西戈尔夫人的奇妙之旅》(*Wonderful Adventures of Mrs Seacole*)一书中,玛丽写到自己乘船来到英国,"应聘弗洛伦斯·南丁格尔的医疗护士队"。但是,她没能亲自见到南丁格尔,一位负责招聘的护士告诉她,她主动表示前往克里米亚做护士的要求"不能得到满足"。

所以玛丽另找了一位招聘护士,但是"从她的面部表情中,我发现她们即便有名额空缺,也不会给我"。看到别人觉得自己不能胜任,玛丽感到十分困惑。她纳闷是不是"这些女士觉得我的皮肤颜色比她们深,所以就不接受我的帮助"?

不屈不挠的玛丽筹措资金,自行来到了克里米亚。《泰晤士报》通讯员威廉·霍华德·拉塞尔(William Howard Russell)在 1856 年撰写的《克里米亚战争》(*The War*)一书中写道,"战斗前线的 5 英里(约 8 千米)外,西戈尔夫人在巴拉克拉瓦海湾(Col de Balaklava)和卡德柯伊(Kadikoi)两地之间扎好了帐篷……和医生一道治疗各种伤兵,成效显著"。玛丽也说自己经常"处于炮火之中"。同年,一位副官长写了一封推荐信(玛丽在其自传中引用了其中的话),该信说道,"这位女士照料伤兵尽心尽力,表现十分出色。即便在危险情况下,她也会竭尽所能帮助伤兵"。

弗洛伦斯·南丁格尔毫无疑问是一位出色的医院管理者。但是在人们的脑海中,南丁格尔这个名字总是与在前线亲手照料伤兵的护士形象相连,这是错误的看法,玛丽·西戈尔的所作所为才更符合这一形象。

成吉思汗之死

　　成吉思汗是世界历史上伟大的征服者之一。他统一中亚各游牧部落，建立蒙古，随后其势力范围又从亚洲扩张到了欧洲，最终于 13 世纪建立了元朝。1227 年，成吉思汗在征伐西夏的时候去世。托马斯·J. 克劳韦尔（Thomas J. Craughwell）在其著作《历史第二大帝国兴衰史》（*The Rise and Fall of the Second Largest Empire in History*）一书中写道，"现世没有留存下关于成吉思汗临死前的相关记录，也没有关于其死亡日期的传统口头记录"。

　　这有可能是因为成吉思汗之死最初是一个秘密，所以关于其死因的猜测也很多。杰克·魏泽福（Jack Weatherford）在其著作《成吉思汗》（*Genghis Khan*）一书中写道，欧洲驻蒙古使臣柏朗嘉宾（Plano di Carpini）说成吉思汗之死非常戏剧，他是被雷电击中而身亡的。后来，马可·波罗记录说，成吉思汗膝部不幸中了西夏兵士射来的毒箭，最后身亡。有人说，成吉思汗是被敌人毒死的；还有人认为，西夏国王对成吉思汗施了毒咒，导致其死亡。

　　但是，魏泽福也写到了其中最为离奇，也流传最久的一个说法，"被掳为人质的西夏王妃在自己的阴道里装了一个精巧装置，所以成吉思汗在奸污她的时候，这个装置撕裂了成吉思汗的生殖器官，导致他在剧痛中死亡"。弗雷德里克·W. 莫特（Frederick W. Mote）在其著作《帝制中国：900–1800 年》（*Imperial China 900–1800*）中也写道，据说一位被俘的西夏王妃"在自己的阴道内放入了几片锋利的玻璃或一把钢刀片"。

保罗·卡恩（Paul Kahn）在其著作《蒙古秘史》（*The Secret History of the Mongols*）一书中参考并使用了一手的中文资料。根据该书内容所描述，1225 年夏季，已经 60 多岁的成吉思汗在阿布汗地区（Arbukha region）狩猎野马。"一些士兵把野马从灌木丛中赶出的时候，成吉思汗的汗血宝马受到了惊吓，把他一下摔到了地上"。成吉思汗有可能摔出了内伤，但没有被诊断出来。不久以后，他就发了高烧，得了重病。

人们一般认为，西夏王妃阉割成吉思汗的这个离奇可怕的故事是这位可汗的诋毁者编造的。莫特怀疑成吉思汗可能"中暑之后，得了重病，所以去世了"。魏泽福认为成吉思汗"在营帐内的床上死去，死时他的家人就在身边"。

第 8 章

似是而非的探险家逸事

NAPOLEON WASN'T SHORT

卡纳冯勋爵被"法老的诅咒"索命

1923 年，业余埃及古物学者第五代卡纳冯勋爵（Lord Carnarvon）同考古学家霍华德·卡特（Howard Carter）一同发掘了位于埃及卢克索（Luxor）的图坦卡蒙陵墓（Tutankhamen's Tomb）。几个月后，卡纳冯勋爵离奇死亡，于是很多人称他被"法老的诅咒（Curse of the Pharaohs）"诅咒了。据传，法老的诅咒是被写到陵墓的墓壁之上的。

人们一般以为，法老的诅咒是会立马见效的，但是卡纳冯之死却很让人费解。医生建议已经很虚弱的卡纳冯勋爵（当时已有 57 岁）去埃及养病休养。在埃及时，一只蚊子在卡纳冯脸上叮了一口。之后，他在刮胡子的时候，一不小心割破了蚊子叮咬的疙瘩，感染了丹毒（一种皮肤细菌感染），随后丹毒又发展为败血症，导致肺炎发作，最终于 1923 年 4 月 5 日身亡。

图坦卡蒙黄金面具

曾管理大英博物馆古埃及文物馆（Egyptian Antiquities）的 T. G. H. 詹姆斯（T. G. H. James）撰写了《霍华德·卡特》（*Howard Carter*）一书。他认为，"卡纳冯勋爵之死是当时发生在相关人员之中的第一例死亡案例，自此，关于'法老的诅咒'的说法就流传开了"。至于其他相关人员的死亡年龄，詹姆斯表示，艾伦·加德纳（Alan

考古人员挖掘图坦卡蒙陵墓

Gardiner）死时为 84 岁，詹姆斯·亨利·布雷斯特德（James Henry Breasted）为 70 岁，伊芙琳·赫伯特（Evelyn Herbert）为 79 岁，哈利·伯顿（Harry Burton）为 61 岁，阿尔佛雷德·卢卡斯（Alfred Lucas）为 78 岁。卡特是这次考古活动中的主要考古学家，于 66 岁时安详去世，那时距图坦卡蒙陵墓被打开已经过了 16 年。这样看来，当时在陵墓打开现场的所有人都不是过早去世或死于非命的。

马克·R.纳尔逊（Mark R. Nelson）2002 年进行了名为"木乃伊的诅咒：基于历史事实的定群研究"（The mummy's curse: historical cohort study）的研究，其结果发表在《英国医学杂志》（British Medical Journal）上。该项研究的对象是霍华德·卡特指认的当时在陵墓发掘现场的 44 个西方人（其中 25 人有可能受到了"法老的诅咒"），并追踪调查这 44 个人的生活状况。纳尔逊发现这群人"去世时的平均年龄为 70 岁"。由此，他认为"没有证据表明法老的诅咒真实存在"。

至于诅咒的文字，在关于记者、埃及古物学者亚瑟·韦戈尔（Arthur Weigall）——亚瑟当时也在现场——的一本传记中，亚瑟的外孙女朱莉·汉基（Julie Hankey）表示，"同其他古物学者一样，韦戈尔否认图坦卡蒙陵墓的墓壁上写有诅咒"。她说，当图坦卡蒙陵墓被打开的时候，卡纳冯看着墓内的椅子，开玩笑地说道，"在墓内开个音乐会"。卡纳冯的放肆态度有可能让看中伦理道德的韦戈尔感到不爽，因为他说道，"如果他以这种态度进入墓室，我打赌他活不过 6 个星期"。汉基说，她的外祖父说的这番话"看起来像是某种预言，但是他只是下意识说出口的，并没有特定用意"。的确，韦戈尔看起来并不在意关于图坦卡蒙诅咒的传言，甚至还说，"看看大家是怎么全部都相信的"。T.G.H. 詹姆斯对此表示完全同意，他认为"法老诅咒传说的起因有可能就是亚瑟·韦戈尔当时随口说的话"。

在这个问题的最后，我们应该说说霍华德·卡特。詹姆斯引用卡特的话说，"在想要获得某种'超自然'刺激的感性人群中，这个传说广为流传"，而卡特本人"对这种愚蠢的迷信嗤之以鼻……只要诅咒是活人传出的，这种诅咒就与埃及法老无关"。

既然事情现在水落石出了，那么现在谁愿意参加在图坦卡蒙陵墓举办的音乐会呢？

第一个将烟草带回欧洲的人

探险家沃尔特·雷利爵士（Sir Walter Raleigh）出生于 16 世纪，而烟草在这之前的几年间就已经在欧洲传播开了。艾伦·W. 卡斯伯特（Alan W. Cuthbert）在《牛津身体指南》（*The Oxford Companion to the Body*）一书中表示，早在 1492 年，有人就给了新大陆探险家克里斯托弗·哥伦布"几片晒干的有香味的叶子，但是哥伦布没有意识到它们的价值，把它们扔掉了"。卡斯伯特认为罗德里戈·德·杰雷兹（Rodrigo de Jerez）是"欧洲第一个吸烟的人。15 世纪 90 年代时，他从古巴人那里学会了抽烟，再回到西班牙后，也没有戒掉"。西班牙的神圣审判官（Holy Inquisitors）对抽烟这种行为表示强烈怀疑，所以杰雷兹"被捕入狱……并在狱中待了 7 年"。当他被释放的时候，几乎人人都手不离烟。

根据作家费尔南·布罗代尔（Fernand Braudel）的说法，1561 年，法国驻葡萄牙大使让·尼科（Jean Nicot）将烟草磨为粉末，进献给法国皇后凯瑟琳·德·美第奇（Catherine de Medici），"作为治疗偏头痛的药方"。约旦·古德曼（Jordan Goodman）在《历史上的烟草》（*Tobacco in History*）一书中写道，为纪念尼科，烟草种植园被称为"尼古丁（nicotiane）"。

烟草的确是从新大陆传入欧洲的，其原产地位于美国的弗吉尼亚州。但是，《牛津国家人物传记大辞典》一书中写道，"雷利本人从未

去过弗吉尼亚"。尽管雷利渴望
前往新大陆探索一番，但是因为
他是女王伊丽莎白一世的宠臣，
伊丽莎白一世是"不会同意让雷
利冒险进行如此危险的航行的"。
1573 年，获得准许可以前往新大
陆探索的海上探险家约翰·霍金
斯爵士（Sir John Hawkins）和法
兰西斯·德瑞克爵士（Sir Francis
Drake）将烟草带回了英国。卡斯
伯特表示，"1585 年，德瑞克给沃

沃尔特·雷利

尔特·雷利爵士介绍了烟草"。根据《牛津国家人物传记大辞典》一书，
雷利"深信烟草可以治愈咳嗽"。根据约翰·奥布里（John Aubrey）
的说法，雷利在"罗伯特·波因茨爵士（Sir Robert Poyntz）位于阿克
顿（Acton）的庭园里……抽起了烟，在场的所有女士都回避，直到他
把烟抽完"。

　　学者亨利·比特（Henry Buttes）有可能是犯了这种张冠李戴错误
的第一人。1599 年，他在撰写《脱水饮食》（*Dyets Dry Dinner*）一书
中关于烟草起源的内容时写道，"沃尔特·雷利爵士在远方发现了烟草，
并把它带回了英国"。与伊丽莎白一世不同的是，继任国王詹姆斯一
世不喜欢雷利，并且痛恨吸烟。既然烟草是因为征服新大陆而传入英
国的，所以詹姆斯一世认为雷利难辞其咎。1604 年，詹姆斯一世发表

《反烟檄文》（*A Counterblaste to Tobacco*）一文，指责说"一个起源于如此卑劣之地的风俗被一位人人都仇恨的人（雷利）带回我国，而在未经许可的情况下，竟如此受到大家的欢迎，这件事情对我来说真是奇之又奇"。因此，奥布里说"沃尔特爵士是第一个把烟草带到英国，并让抽烟成为一种潮流的人"。尽管沃尔特爵士的确让抽烟成为了一种潮流，但是"沃尔特爵士把烟草带到英国"的说法是错误的，而这一错误说法直到今天仍未得到澄清。

在刚果失踪的苏格兰探险家大卫·利文斯通医生

在众人的想象中，苏格兰传教士大卫·利文斯通医生（Dr. David Livingstone）是一个非常无能的探险家，因为许多人认为他在非洲最暗无天日的地方失踪了好几年。

1841 年，利文斯通以传教士的身份来到非洲，并下定决心要探索这片大陆。1853 年，利文斯通致信另一位传教士罗伯特·莫法特（Robert Moffat）。他在信中说道，"我要开辟出通往腹地的道路，否则就选择死亡"。利文斯通开始远征赞比西河，在那里他发现了一处瀑布奇观，并以维多利亚女王的名字将其命名为维多利亚瀑布（Victoria Falls）。利文斯通随后成为了民族英雄，所写的书也十分畅销。1866 年，他开始了最后一次远征，以此希望找到尼罗河的源头。随后两年，利文斯通与外界失去联络，人们再也没有听到关于这位受欢迎的探险家的任何消息。

小詹姆斯·戈登·本纳特（James Gordon Bennett）是《纽约先驱报》（*New York Herald*）的编辑（19 世纪末，人们会使用戈登·本纳特的名字来婉转表示"竟有这种事"[1]）。一日，他突发奇想，要派遣一支由其报社记者组成的队伍去搜寻利文斯通。出生于威尔士的美国人亨利·莫顿·史丹利（Henry Morton Stanley）得到了这份工作。亨利·莫顿·史丹利曾在威尔士的圣阿萨夫救济院（St Asaph workhouse）生活过一段时间。史丹利在其著作《我如何在中非找到利文斯通的》（*How I Found Livingstone in Central Africa*）中回忆道，本纳特告诉他"可以随意取款，只要能够在非洲找到利文斯通就行"。弗洛伦斯·南丁格尔曾说史丹利的这本书是"我所见过的选题最好、写得最差"的一本书。在这本书中，史丹利讲述了两年之后的 1871 年，他在坦噶尼喀湖岸边的乌吉吉（Ujiji）小镇找到了利文斯通，当时大约为 10 月 23 日（无法确定具体日期）。

史丹利说："我慢慢朝他走去，然后注意到他脸色苍白，神色疲惫憔悴。"他脱下帽子，然后（有可能）说："我想，你是利文斯通医生？"艾伦·盖洛普（Alan Gallop）在《我想，你是史丹利先生？》（*Mr

---

1 《纽约先驱报》的创办人是老詹姆斯·戈登·本纳特，其子小詹姆斯·戈登·本纳特随后执掌这一报纸。为了区别他与父亲的名字，人们一般称呼他为"戈登·本纳特"。戈登·本纳特本人生活放浪不羁。

Stanley, I Presume?）中说道，两人遇见之后，《纽约先驱报》很快就进行了报道，并刊载了这句很出名的话。但是，艾伦·盖洛普补充说，一些历史学家怀疑史丹利没有说过这句话，因为史丹利日记本里的相关记录丢失了，而利文斯通在自己的回忆录中也没有提起过这件事。

"是的。"利文斯通一边轻轻摘下帽子，一边亲切地回答道。史丹利接着说："感谢上帝，医生，我受委托特意来找你。"利文斯通说："很高兴能在这里迎接你的到来。"史丹利证实利文斯通"并没有迷路，只是在进行一次非常全面翔实的探险"。他随后告诉我们，"二人又交谈起来，但是我现在已经忘了具体的谈话内容"。（我现在开始明白弗洛伦斯·南丁格尔的意思了。）

D. 罗伯特（D. Robert）在其所贡献的《牛津国家人物传记大辞典》的一个词条中写道，"二人一起向北，来到了坦噶尼喀湖的尽头，从而证实了坦噶尼喀湖在北边没有出水口"，并说"二人于 1872 年 3 月 14 日在塔波拉（Tabora）一条大篷车必经的路上分开"。尽管史丹利说利文斯通回国去了，罗伯特则认为这位探险家仍然"继续着探险"。不幸的是，当史丹利回到英国，告诉大家他找到了利文斯通医

利文斯通

生的消息后，大家都嘲笑他，认为他是痴人说梦。利文斯通未能回国，1874 年，他死于如今的赞比亚。

史丹利并未灰心丧气。根据《走进非洲》（*Into Africa*）一书的作者马丁·杜加尔德（Martin Dugard）的说法，史戈登·本纳特"开

始了《纽约先驱报》赞助的第二次非洲远征"，以寻找塞缪尔·怀特·贝克爵士（Samuel White Baker）——尽管"贝克没有走失，而且并不需要人们的解救"——史丹利以此为契机，继续自己寻找探险家的新的职业生涯。1887 年，史丹利进行了第三次远征，这一次是为了到苏丹营救埃明·帕夏（Emin Pasha）。

《牛津美国文学指南》（*The Oxford Companion to American Literature*）一书说，尽管史丹利是"一名美国公民……1899 年，他加入英国国籍，并获封爵士"——这有可能是为了表彰其在寻找失踪探险家过程中做出的贡献。对一个曾在救济院生活的男孩来说，这也算是走上人生巅峰了。

夏威夷的食人族吃了库克船长

1776 年，知名英国航海家和探险家詹姆斯·库克船长（Captain James Cook）与手下船员乘坐"决心"号（Resolution）出发，以寻找传说中的西北航道（North-West Passage）的西出口，该航道横穿加拿大。冬天来临时，库克船长在夏威夷群岛停船靠岸。在那里，他与夏威夷土著成为好友，并被他们当成神一样崇拜。这样说来，这倒是一个很不错的冬歇。

1799 年，库克继续他的航程，但是后来为了维修船只，不得不返回夏威夷岛。库克第二次在岛上逗留时，土著人偷走了一艘帆船。库克想要要回这艘船时，双方爆发了打斗。历史教授安妮·萨尔蒙德（Anne Salmond）在《发现南半球》（*The Trial of the Cannibal Dog*）一书中写道，"一轮射击过后，一个土著从背

库克船长

后敲了他一棍子，另一个人则用从英国人手里买来的匕首扎中了他的脖子"[1]。

至于受人尊敬的库克船长的身后事，大家完全可以从字面上理解"人人都想要我的一块肉（everybody wants a piece of me）"这一谚语。加纳纳什·奥贝赛克拉（Gananath Obeyeskere）在《封神的库克船长》（*The Apotheosis of Captain Cook*）一书中转引了随船医生助手大卫·萨姆韦尔（David Samwell）的描述。大卫·萨姆韦尔说，库克死后，"他的衣服在船舱中出售"。库克的船员要求土著人归还库克的遗体，但是安妮·萨尔蒙德说，夏威夷祭司克里克亚（Keli'ikea）承认，"与库

---

[1] 这句话出自《发现南半球》，安妮·萨尔蒙德著，胡炜译，希望出版社，2008 年，第 204 页。

克遗物的下场一样，库克的尸体被肢解并……分别给了各酋长"。

克里克亚说，"他的头颅给了卡美哈美哈（Kamehameha），他的双腿、双臂和下颚给了卡兰尼欧普（Kalani'opu'u），剩下的骸骨则被烧掉了，作为违背酋长神圣权力过错的弥补"。船员怀疑发生了更坏的事情，于是询问库克的尸体是不是已经被吃了。萨尔蒙德说，听到此话的克里克亚被吓得目瞪口呆。他向船员保证，"他的子民不是食人族"。《牛津国家人物传记大辞典》也认为，"根据当地风俗，库克的遗体被肢解，身上的肉从骨头上被刮了下来，随后按照仪式被火化了，而骨头则分给了众多酋长"。奥贝赛克拉对此表示认可，"库克的遗体按照仪式被肢解、火化，然后骨头则分给了酋长们，就好像库克也曾是他们中间重要的一位酋长"。

克里克亚尽自己所能要回了库克的遗骸，奥贝赛克拉说，"他把遗骸包裹完好后才送回给船员们"。萨尔蒙德也证实了这一说法，她说船员们拿到了一个黑色的皮制斗篷，里面包着"库克的骸骨，包括大腿和没有脚的双腿，骸骨上面还有未火化干净的肉"。

船员们找回了"库克的双臂，双手和臂膀已经分离开了，但是和前臂相连。他们同时还找到了库克的头颅和头皮，上面还连着一只耳朵，只是面颅骨已经找不到了"。库克的双手被放在盐里保存。根据萨尔蒙德的说法，当天下午，被找回的库克骸骨"被葬在了大海之中"，葬礼采用了军队的最高规格。

尊贵的库克船长确实被夏威夷土著肢解了身体，万幸的是，他没有被烹制。实际上，夏威夷祭司们本打算将他的遗骸作为圣物，只是后来才意识到，返还他的遗骸、由他的船员将其葬入大海的做法才更符合政治惯例。

沃尔特·雷利爵士从新大陆带回了马铃薯

最近，英国广播公司（BBC）一档中午播出的新闻节目将马铃薯描述为"沃尔特·雷利爵士赠予伊丽莎白一世的礼物"。不，女王陛下，您既可以捣碎它，也可以煮了它。马铃薯绝对是食材中的多面手。伊丽莎白一世喜欢礼物和甜食，所以如果雷利将马铃薯作为礼物献给伊丽莎白一世的话，那雷利很可能早被处决了。

人们也经常认为是与雷利同为探险家的法兰西斯·德瑞克爵士发现了马铃薯。艾伦·罗芒（Alan Romans）在其《马铃薯之书》（*The Potato Book*）一书中写道，"1853 年，德国在奥芬堡建造了一尊雕像"，内容是德瑞克爵士骄傲地挥舞着一株马铃薯植株。事实上，德瑞克、雷利和伊丽莎白一世都不是第一个与这种不干净的块茎接触的人。

根据《国家人物传记大辞典》中的一个词条显示，约翰·杰勒德（John Gerard）于 1597 年撰写了《草本志》（*Herball*）一书，该书说杰勒德"收到了从弗吉尼亚寄来的马铃薯茎，并把它们种到了自己的菜园里"。这样看来，就是因为这几个文字，人们才认为马铃薯起源于新大陆。

但是，雷芒指出，与烟草不同的是，"马铃薯并没有在北美洲种植"。雷蒙德·菲尼亚斯·斯特恩斯（Raymond Phineas Stearns）在《英属美洲殖民地的科学发展》（*Science in the British Colonies of America*）一书中称，杰勒德的"马铃薯"其实是番薯，或者也有可能是洋姜。

雷芒表示，1577 年，德瑞克在南美洲的智利得到了马铃薯，"但是德瑞克于 1580 年才回国，这些马铃薯不可能被保存那么久"。（不过，毫无疑问的是，如今某些超市会认为这些马铃薯还可以在货架上摆上几周。）《国家人物传记大辞典》认为，马铃薯起源于秘鲁，而《牛津食物指南》（*The Oxford Companion to Food*）一书则认为，欧洲人是 1537 年在如今的哥伦比亚发现了马铃薯。如大家所想，马铃薯是被偷偷带入欧洲的。至少 1570 年的时候，马铃薯就来到了塞维利亚。16 世纪 90 年代，马铃薯传到了英国，当时"大家都没有注意到马铃薯的到来"。

马铃薯并没有立马受到大家的欢迎。《牛津食物指南》指出，因为"《圣经》一书没有提到马铃薯，所以新教徒不愿意种植马铃薯"，但是，天主教徒"于耶稣受难日（Good Friday）种植马铃薯，并喷洒圣水"，完美解决了这一棘手问题。如今没有人会再质疑马铃薯的神圣性，就好像天主教徒周五吃鱼时，必须配上一份薯条，否则周五吃鱼的传统是不会这么受欢迎的。

第 9 章

真伪难辨的传言

NAPOLEON WASN'T SHORT

在过去，浸水椅是用来确定女巫罪孽的

在 17 和 18 世纪，有一种被称为浸水椅（ducking stool）的工具。这种工具与跷跷板相似，一端绑着一把椅子。受刑者被绑在椅子上，然后椅子被抬高，把人同椅子一起浸入水中。浸水椅并不是为了用来确定女巫罪孽的，而是一种惩罚措施。

马尔科姆·加斯基尔（Malcolm Gaskill）在其著作《近代早期英国的犯罪与心态》（*Crime and Mentalities in Early Modern England*）一书中指出，人们经常会将浸浮泼妇与把女巫绑起来扔进深水混淆起来。欧文·戴维斯（Owen Davies）在其著作《巫术、魔法与文化》（*Witchcraft, Magic and Culture*）一书中写道，当时人们使用浸水椅是为了惩罚犯了小错的人，比如"没有在节庆日穿戴合适衣服的人，没有正确使用度量衡的人和骂街的人"。《〈胜利者报〉投稿及其他相关作品》（*Contributions to the Champion, and Related Writings*）一书收录了亨利·菲尔丁（Henry Fielding）于 1739 年所写的《论骂街》（*Jurgatur Verbis*）一文。该文写道，"左邻右舍都常常惧怕骂街的泼妇，我有时怀疑，对认识我妻子的人来说，她的长舌是不是和我的棍棒一样有威力"。他说，因为在某些地区，"搬弄是非、口出恶言"与"一位疯汉手中的剑"的威力不相上下，所以人们在水道经过的地方搭了一个木椅，违反者被绑在椅子上，然后连人带椅子一起浸入水中。

简·马歇尔（Jane Marshall）在《最美的三次英国修道院之行》（*Three Tours of England's Wonderful Abbeys*）一书中指出，据记载，英国最后一次使用浸水椅是在 1809 年，地点是莱姆斯特（Leominster），当时简·柯伦（Jane Curran）——又称珍妮·派普斯（Jenny Pipes）——"被浸到了附近的一条小河中"。

女巫们一般是"被绑起来扔进水里"。1613 年在伦敦发行的《被捕、被审讯和被处决的女巫》（*Witches Apprehended, Examined and Executed*）小册子记录了欧洲大陆的人们是怎么"把女巫绑起来扔进水里的"。1597 年，英国国王詹姆斯一世发表了猎巫手册《恶魔研究》（*Daemonologie*）。里面说道，"纯洁的水不肯接受那种推翻圣水洗礼的恶人"。被怀疑是女巫的女性被人绑住双手和双脚，然后被扔到河流或池塘里。如果她们浮在水面上，那么她们就是女巫；如果她们沉了下去，那么她们就接受过洗礼，是无辜的人。戴维斯

浸水椅

指出，针对文盲读者，这本小册子还附有木刻插图，"生动展示了这一方法"。

　　根据戴维斯的说法，在确定贝德福德郡（Bedfordshire）米尔顿（Milton）的玛丽·萨顿（Mary Sutton）是否是女巫时，人们使用了这本小册子所说的方法，但是最后仍无法确定：第一次时，玛丽·萨顿沉了下去；第二次时，她又浮在了水面上。随后，一位地方法官对她进行了审判，认为她是女巫，并判处绞刑——这样一来，"被绑起来扔进水中"的方法倒有些多余了。尽管如此，这一方法在之后仍然十分流行。

可以追溯到古时候的苏格兰氏族花呢格纹

　　一位勇士（或者一只雪貂——我稍后解释）发现了自己所穿的苏格兰裙"基尔特（kilt）"上的格纹纹样不是自己氏族的格纹纹样。人们一般认为苏格兰氏族的花呢格纹可以追溯到古时候，但是关于花呢格纹的真相却又是另一番故事了，其中两位姓艾伦的骗子兄弟还做出了不小的贡献。

　　约翰·迈克尔·赖特（John Michael Wright）创作的《高地族长》（*A Highland Chieftain*）一画是最早描述苏格兰高地服饰的作品，这幅画可追溯到 17 世纪晚期。人们认为这位威风凛凛的族长就是坎贝尔（Campbell）一族的首领，但是有趣的是，他所穿的花呢格纹既不是坎贝尔氏族的纹样，也不是如今已确定身份的其他苏格兰氏族的纹样。在《坎贝尔氏族史：卷一》（*A History of the Clan Campbell, Volume 1*）一书中——即使你不是坎贝尔一族的人，你也会觉得这本书读起来十分有趣——作者阿拉斯泰尔·坎贝尔（Alastair Campbell）写道，这幅画里的纹样"不是坎贝尔氏族的正式纹样，很有可能是早期的纹样"。

穿苏格兰花呢格纹裙的男人

　　事实上，15 世纪和 16 世纪的作品中很少有特地写到某种花呢格纹的文字。花呢格纹相互交叉，纹样反复出现，特征十分鲜明，一般被称为"塞特（sett）"。历史上，这种纹样一般和区域，而不是氏族相关，且这种相关性并不密切。诺曼·戴维斯（Norman Davies）在《欧洲史》（*Europe: A History*）一书中补充说道，"普通民众"不会遵循这种传统。历史学家马格纳斯·马格努森（Magnus Magnusson）在《苏格兰民族史》（*Scotland: The Story of a Nation*）一书中指出，在 1746 年的卡洛登战役（Battle of Culloden）中，"花呢格纹并不是作为区分不同氏族的纹样"。同时代的画家大卫·莫里埃（David Morier）的《卡洛登战役》（*The Battle of Culloden*）一画也证实了这一观点。画面上，雅各比派（Jacobites）所穿的服饰上有各式的花呢格纹。18 世纪晚些时候出版的《大英百科全书》指出，根据不同的画作，"高地的男性在穿着花呢格纹时会选择自己喜欢的颜色和设计，因此服饰多种多样，格纹彼此也没有关系"，这表明，所选的花呢格纹显示的是选择者的品味，而不表示他来自哪一个氏族。

花呢格纹潮流的开始可追溯至 19 世纪早期。1822 年，英王乔治四世（King George IV）应小说家沃尔特·司各特爵士邀请，对爱丁堡进行了正式访问。当时乔治四世身穿苏格兰短裙，引发众人效仿。大卫·麦克龙（David McCrone）在《了解苏格兰》（*Understanding Scotland*）一书中写道，国王在衣服底下穿了一双"迷人的粉色紧身裤袜"。有人也许会说，幸亏穿粉色紧身裤袜的做法没有流行起来，但是也就是在这次访问中，人们开始将某种方格纹样与某一特定氏族的名字联系起来。

诺曼·戴维斯表示，"后来，两位自称索别斯基·斯图尔特（Sobieski Stuarts）的骗子兄弟"让这一说法变得更为流行起来。二人真名分别叫约翰·艾伦（John Allen）和查尔斯·艾伦（Charles Allen），他们称自己是失散多年的波兰 / 雅各比派贵族后裔。二人共同撰写了题目宏大的《苏格兰裙》（*Vestiarium Scoticum*）一书，根据戴维斯的说法，这是一本"插图精美，可以以假乱真"的书。二人称，这本大部头是 16 世纪罗斯主教（Bishop of Ross）所写的书的副本。1842 年，约翰·索别斯基·斯图尔特在一个题为《谈扩大设计版权保护范围》

（*Observations on Extension of Protection of Copyright of Designs*）的小册子中发布广告说，这本书"制作精美、用心良苦……共印刷了 45 本……单价 10 基尼[1]"。马格努森说，这本书"旨在介绍苏格兰真正的古代氏族"。

阿拉斯泰尔·坎贝尔称这本书是"十分出色的虚构作品"，并转引了约翰·索别斯基·斯图尔特写给艾雷岛（Islay）的 J. F. 坎贝尔（J. F. Campbell）的信。信中说，第六代阿盖尔公爵（6th Duke of Argyll）平时穿第 42 警卫团的花呢格纹，该纹样蓝、黑、绿三色相间，以苏格兰高地警卫团（Black Watch）的名字而得名。但是 1824 年的时候，他"改穿了颜色鲜艳的条纹（黄白相间的条状格纹），我告诉他按照传统，他应该这么穿，而在这之前，他完全没有听说过这种纹样"。

索别斯基·斯图尔特之所以知道这种纹样，是因为"1819 年的时候，奥湖（Loch Awe）岸边的一位来自坎贝尔氏族的老妪告诉他，颜色鲜亮的条纹是坎贝尔氏族族长和整个氏族的标志。"坎贝尔怀疑"后来的花呢格纹专家所喜爱的黄白条纹，只不过是这两位机灵的兄弟编造出来的罢了，他们还编造了现在许多'氏族'的花呢格纹纹样"。（坎贝尔说，如今，如果自己的族人想要"传达正确的信息"，那么不建议他们使用所谓的"阿盖尔郡的坎贝尔"或"奥湖的坎贝尔"花呢格纹纹样。）

1　基尼是英国旧时金币名。

坎贝尔还指出，有时，索别斯基俩兄弟还会"为某一氏族给出不同的格纹纹样，虽然这一氏族认为早就有了独有的纹样"。詹姆斯·麦凯（James MacKay）在《氏族与花呢格纹》（*Clans & Tartans*）一书中写道，"讽刺的是，索别斯基·斯图尔特俩兄弟编造的许多花呢格纹纹样……如今成为了年代最久远，也因此最正宗的纹样"。戴维斯总结道，将花呢格纹分给某一特定氏族的做法"完全是文化发明历史上的一件大事，这一过程历时两个世纪才结束"。

现如今，使用某种方格图样的权利仍然受到保护，让外人十分眼红。2005 年 10 月 12 日，《每日电讯报》（*The Daily Telegraph*）报道了这样一件事：时尚巨头博柏利（Burberry）准备起诉一家雪貂用配饰商店，称该店在其销售的宠物雪貂服装上非法使用了自己经典的格子图案。在被询问博柏利是否有意向组建自己的雪貂用配饰系列时，该公司发言人强调，尽管眼下没有生产雪貂用服饰及配饰计划，但"那不意味将来也不生产"。我们拭目以待……

自古希腊时就定期举办奥林匹克运动会

第一届奥林匹克运动会于公元前 776 年在希腊的奥林匹亚举办。自此，这一盛会每四年就举办一次，比赛项目涵盖体育、文学和音乐比赛。杜安·W. 罗勒（Duane W. Roller）在《大希律王的建设计划》（*The Building Program of Herod the Great*）一书中指出，公元前 12 年，古奥运会因缺乏资金而难以为继，大希律王 [1]（King Herod）为此提供了财政上的支援，并成为了奥运会的终身主席。（所以，他不是十恶不赦的恶人。）

实际上，《牛津英语短语和寓言词典》（*The Oxford Dictionary of Phrase and Fable*）指出，公元 393 年，"罗马皇帝狄奥多西（Emperor Theodosius）下令废止古奥运会"，其原因是他认为古奥运会有违基督教教旨，是异教徒活动。直到 19 世纪早期，人们才呼吁重启奥运会。1833 年，希腊诗人帕那吉奥提斯·苏索斯（Panagiotis Soutsos）在其《死人对话录》（*Dialogues of the Dead*）一诗中，呼吁恢复奥运会。根据《国家人物传记大辞典》的一个词条内容，1850 年，英国医生威廉·彭尼·布鲁克斯（William Penny Brookes）在文洛克成立文洛克奥林匹克协会（Wenlock Olympian Society），发起了一年一度的文洛克奥林匹克运动会，比赛项目包括"文学艺术素养比赛和体育技巧力量比赛"。与古奥运会一样，布鲁克斯所说的"每一个阶层的人"均可参加比赛。1859 年，富有的希腊商人埃万杰洛斯·扎帕斯（Evangelis Zappas）出资，恢复了在雅典举行的奥运会。几年后，受扎帕斯事迹的启发，布鲁克斯发起了什罗浦郡奥林匹克运动会（Shropshire

---

1　大希律王以残暴而闻名。他由于曾下令杀死自己的三个儿子，所以史书有"当希律王的猪比当他的儿子更好的说法"。

奥林匹克运动会

Olympian Games），并于 1865 年的时候，帮助成立了英国的国家奥林匹克协会（National Olympian Society）。次年，在水晶宫举办了首届全国比赛，超过 1 万名观众观赛。但是，布鲁克斯试图在全球召开奥运会的努力没能成功，直到法国伯爵皮埃尔·德·顾拜旦（Pierre de Coubertin）接过这个自己认为是"伟大而有益的任务"，并成功确立了这个永久性的国际盛会。1896 年，首届现代奥林匹克运动会于雅典举行，共 12 个国家参与了比赛。

现代奥运会的开幕式都会举行点火仪式。一名火炬手会手拿从赫拉神庙（Temple of Hera）点燃的火炬点燃东道主的火炬，这表示奥运圣火生生不息，在赫拉神庙里已燃烧了 3000 年。很多人对此深信不疑。但是《大英百科全书》表示，"与众人所想相反的是，古代并没有将奥运圣火从奥林匹亚的赫拉神庙传递给东道主的先例"。第一届古奥运会的举办地就是奥林匹亚，因此无须传递火炬。《大英百科全书》还补充道，奥林匹克圣火"第一次出现在 1928 年的阿姆斯特丹奥运会上"。1936 年柏林奥运会的组织者卡尔·蒂姆（Carl Diem）萌发了奥运圣火接力传递的灵感，并在柏林奥运会上第一次实施。

古奥运会时，参赛选手都是裸体参赛。但是，现代奥运会并没有延续这一传统。毕竟，我们不要忘了现代奥运会的参赛选手需要有别号码布的地方。

波士顿倾茶事件的起因

实际上，1773 年颁布的《茶税法》（Tea Act）为美国殖民地居民削减了一半的茶叶价格。诚然，根据《茶税法》的规定，美国殖民地居民仍需要缴纳很小一部分税，但是正如罗伯特·哈维在《几个流血的鼻子》一书中指出的那样，"与之前美国人进口的茶叶价格相比，此次茶叶价格会十分便宜"。

此前的 150 年里，英国政府从未向美国殖民地居民征过税。这一次征税是因为英国政府需要转嫁其近 1.23 亿英镑（今约 500 亿英镑）的债务负担。在七年战争（Seven Years' War）中，英国粉碎了法国试图统治北美的意图，但是英国政府也为此花费了大量资金。约翰·塞尔比在《约克城之路》一书中写道，"为了守卫刚刚取得的胜利果实，英国需要在北美洲驻兵 6 千人"。但是，想要再继续征收英国人的税是不可能的了。哈维指出，英国人民承受的税收"已经十分苛刻了"。布兰登·莫里西（Brendan Morrissey）所撰写的《波士顿》（*Boston*）一书指出，1775 年，"与美国人缴纳的 6 便士（约 0.6 元）的税相比，英国纳税人要缴纳 25 先令（约 30 元）"。英国政府要求殖民地居民承担防御成本，所以就向从英国进口的茶叶征收了关税。但是用哈维的话来说，殖民地居民"理所当然地逃掉了"这些进口关税。

因此，弗吉尼亚律师帕特里克·亨利（Patrick Henry）发出了作为英国臣民"无代表，不纳税（no taxation without representation）"的古老呼吁。殖民地居民坚信自己在英国国会中没有直接代表，所以英国政府无权向他们征税。但是，哈维指出，"英国所有的主要工业区"所面临的情况与美国是一样的。彼时，只有 3% 的人有投票权，即便是这 3% 的人也要向英国贵族负责。哈维称，当英国首相乔治·格伦维尔（George Grenville）询问每个殖民地议会可以为防御北美洲筹集多少钱时，"殖民地代表没有回答……因为他们没有自行提高所需税收的打算"。

因此，英国国会在美洲殖民地尝试颁布一系列旨在提高税收的法案。《大英百科全书》指出，根据《食糖法》（*Sugar Act*），因为英国生产的食糖价格受到保护，所以"实际上，尽管这一法案利于新英格兰地区的蒸馏商，但是他们对这一法案依然抱有敌意"。《印花税法》（*Stamp Act*）则是针对诸如报纸一类的消耗品征税的法案。但是殖民地居民以暴力的方式表示了对这一法案的反对，他们烧毁印花，殖民地印花经销商也威胁恐吓，导致这一法案很快就被撤销了。1767 年颁布的《唐森德法》（*Townshend Act*）以每磅（0.454 千克）3 便士（约 0.3 元）对茶叶和少数其他商品征税。这一法案也因遭到殖民地居民反抗而被撤销，除了茶税之外的税种都被取消了。塞尔比说，英属殖民地的君主乔治三世（George III）坚持"保留茶税，作为皇室对殖民地征税权力的象征"。《大英百科全书》指出，包括约翰·汉考克在内的波士顿茶商从"荷兰商人手中购买走私至美洲的茶叶"，从而"规避了这一法案"。

　　1773 年的《茶税法》从未想过要榨干美洲殖民地居民。颁布这一法案仅仅是为了拯救处于困境之中的英国东印度公司（British East India Company），当时东印度公司的库房里还积存着 1700 万磅（7711070.29 千克）正在腐烂的茶叶。《大英百科全书》中写道，英国政府"通过条例"，给予东印度公司到北美殖民地销售积压茶叶的专利权，并免缴高额的进口关税。保罗·约翰逊（Paul Johnson）在其著作《美国人的历史》（*A History of the American People*）一书中写道，汉考克"为人正派，是一个大茶叶走私商……他认为英国政府的这一做法会威胁到自己的生计"。埃里克·伯内特（Eric Burnett）是《世上最好的美国史》（*The Best American History Book in the World*）一书的作者。在这本书名颇为"谦虚"的书中，伯内特写道，"富人的财产正在流失，是时候进行反抗了"！1767 年，当地根据《唐森德法》开始对茶叶征税，所以殖民地居民十分高兴地缴纳了（逃避了）之前 6

年的茶税。丹尼尔·A. 史密斯（Daniel A. Smith）在《税务改革者与直接民主政治》（*Tax Crusaders and the Politics of Direct Democracy*）一书中承认，"历史学家一般都认为，这些法案征收的税款……相对适度，还算比较公平"。在哈维看来，"原先一般比较保守的殖民地商人"在看到英国操纵茶叶价格后，"与激进主义分子塞缪尔·亚当斯及其领导的自由之子（Sons of Liberty）联合了起来"。《麦克米伦百科全书》（*The Macmillan Encyclopedia*）一书也证实，自由之子是"一群反对进口倾销茶叶的殖民地激进分子"。自由之子乔装成莫霍克印第安人（Mohawk Indians）的模样潜入一艘船中，然后把东印度公司的茶叶全部倾入波士顿湾（Boston Harbour）。（人们一般认为，自由之子所穿的印第安人服装是自由的象征，而且穿着这种服装的"自由追求者"也不容易被人认出。）

哈维认为，殖民地居民不是反对"因为国会没有代表而被征税"的做法，而是反对"向其征收的一切税"。塞尔比对此表示认同。他说，很快人们就很清楚地意识到，殖民地居民反对的是一切形式的征税。莫里西指出，波士顿倾茶事件爆发的原因"既包括诸如约翰·汉考克之类的富有走私者遭受了经济损失，也包括任何开明的政治原则做出的指导"。

亚历山大·弗莱明曾救过温斯顿·丘吉尔两次

20 世纪 50 年代起，这一故事就经常被选入鸡汤励志书籍中。这一故事讲的是，小时候的温斯顿·丘吉尔跌进了苏格兰的一个湖里，一位苏格兰农夫的儿子亚历山大·弗莱明（Alexander Fleming）看到后就把他救了起来。丘吉尔的父亲乘坐华丽的马车来到了农夫的家里。为了表达自己的感激之情，他资助了贫穷的亚历山大·弗莱明接受医学教育。附带说一句，弗莱明的昵称是"亚历克（Alec）"，而不是"亚历克斯（Alex）"。在自己的职业生涯中，弗莱明发现了青霉素。几年之后，弗莱明用青霉素拯救了——你猜得没错——因患病而奄奄一息的温斯顿·丘吉尔。丘吉尔中心（The Churchill Centre）认为这一故事"纯属虚构"，其理由如下。

这个故事提到了苏格兰，但是温斯顿·丘吉尔在爱尔兰长大。8 岁时，丘吉尔回到伦敦，开始到一所寄宿学校上学。如果丘吉尔真的不慎跌入湖中，他的父母也很可能不会注意到。贾尼斯·汉密尔顿（Janice Hamilton）所撰写的传记《温斯顿·丘吉尔》（Winston Churchill）一书中写道，丘吉尔小时候与父母接触不多。尽管父母称自己很爱丘吉尔，但是很少探望过他，即便他们顺路经过丘吉尔的寄宿学校，也没有停下来看望自己的孩子。

至于青霉素治好了丘吉尔这个故事，丘吉尔的确于 1944 年得了肺炎。有人建议丘吉尔使用新发现的青霉素进行治疗，但是据《发现

144

温斯顿·丘吉尔小时候

与欣快》（*Eurekas and Euphorias*）一书的作者沃尔特·葛拉兹（Walter Gratzer）的说法，丘吉尔当时使用的是更为常用的磺胺类药剂。然而，关于青霉素治好了丘吉尔的传言并没有消散。格温·麦克法兰（Gwyn Macfarlane）在《亚历山大·弗莱明》（*Alexander Fleming*）一书中称，"弗莱明救过落水的丘吉尔的故事十分荒谬，因为丘吉尔要比弗莱明大 7 岁"。丘吉尔中心表示，这个故事最初出现在 20 世纪 50 年代一本名为《青少年崇拜计划》（*Worship Programs for Juniors*）的书中。这本书的其中一个章节《善良的力量》（*The Power of Kindness*）收录了这一故事，有可能是想告诉读者：解救落水的孩子不仅仅是一项道德义务——你有可能也会从中获益。

添加了各种化合物的食物和饮料

在南非，士兵们称自己的食物中添加了"蓝石"（硫酸铜）；在美国，有人说士兵的茶中添加了硝石（硝酸钾）；在波兰，则是咖啡被加入了化合物；在法国，被加入化合物的则是葡萄酒，而葡萄酒是士兵们的日常饮品；德国军队称，自己的咖啡里被加入了碘酒，食物里被添加了苏打；在英国，人们普遍认为士兵的茶里被加了溴化物。据说，这些秘密添加到食品或饮料中的化合物是为了抑制士兵的性欲。也有人说，包括男性寄宿学校在内的一些大机构也会这么做。

但是，没有确凿证据可以表明，为了抑制士兵的性欲，他们的食物或饮料会被例行加入什么物质。全科医师大卫·戴尔文（Dr. David Delvin）也证实"这一说法十分荒谬"。硫酸铜在医学上的唯一用途是催吐。人们无论吃下多少硫酸铜，都会得胃炎。人们无论喝下多少碘酒，都会中毒。硝石则是制作火药的一种原料，是不能起到控制性欲的作用的。溴化钾是维多利亚时期的一种镇静剂。食用这种药物的病人会昏昏欲睡，毫无性欲可言。即便溴化钾的剂量很小，但一旦服用过量，也会引起溴中毒，导致精神错乱。自然，有性冲动的士兵服用镇静剂时，更愿意看到梦中出现粉红兔子，而不是发现自己疾病缠身。

这种谣言在全球各地流行了很长时间，其部分原因有可能是，人们总说军队配给的食物有一种奇怪的味道。此外，士兵们在服役和退伍的时候，经常会遇到勃起功能障碍，导致他们怀疑自己的食物或饮料中是不是被添加了什么物质。格伦·丹尼尔·威尔逊（Glenn Daniel Wilson）在《性欲种种》（*Variant Sexuality*）一书中写道，"男性在性欲长期得不到满足的情况下，可以自己抑制自己的性欲"。他还补充说，"住在监狱或医院的男性进行性幻想的次数会减少，这就是很好的证据"。他说道，"这有可能表示因为心理作用，他们的睾丸素分泌减少了，或者出现了其他神经适应情况，而不是传言中说的士兵的茶里被加了溴化物"。

在治疗过程中，镇静剂会作为权宜之计给士兵服用，这在过去和现在都是一样的，但是士兵是不会定时服用镇静剂来抑制性欲。事实的真相其实就是军队的食物实在是太难吃了。

第 10 章

让人糊涂的军用物品

NAPOLEON WASN'T SHORT

《洋基歌》最初是美国独立战争时期的一首歌曲

《洋基歌》（*Yankee Doodle*）是一首表达美国人民民族主义的典型歌曲，其起源可以追溯至 1775 年美国独立战争之前。《牛津美国军事必备词典》一书说，"《洋基歌》歌词来自英国，有可能是当时某首民间小调或进行曲的歌词"。

《牛津音乐简明词典》（*Concise Oxford Dictionary of Music*）称，"1775 年前后，格拉斯哥（Glasgow）出版了《艾尔德的苏格兰、英格兰、爱尔兰及外国横笛、小提琴与德国长笛曲目选：卷一》（*Aird's Selection of Scotch, English, Irish, and Foreign Airs for the Fife, Violin, or German Flute, Volume I*）一书。该书收录了这首曲调，这也是这一曲调第一次以《洋基歌》为标题被出版"。《美国军事词典》（*Dictionary of the US Military*）也表示，这首歌"创作于法国 - 印第安人战争（French and Indian War）——也被称为七年战争——时期，约为 18 世纪 50 年代"。在这次战争中，法国意图统治美洲，英国和美国殖民地军队并肩作战，共同抵御法军。目前为止，仍未确定这首歌歌词的具体起源，但是《牛津英语词典》表示，"据说，这首歌的曲调是由沙克伯勒医生（Dr. Shuckburgh）于 1755 年创作的"。《牛津美国历史指南》一书也认为，"人们一般认为这首歌的曲作者是英军的军医沙克伯勒医生"。《牛津英语词典》写道，这首歌的歌词最初是"用来嘲笑同英军一起服役的外省军队的"。

南北战争胜利后，北方军唱着《洋基歌》进入南方诸州

虽然"Yankee"一词的具体起源尚不清楚，但是《牛津英语词典》认为，"最有可能的猜测"是"洋基"衍自荷兰语中的"Janke"，缩写为 Jan（即英语中的 John）。《牛津英语词典》还表示，"荷兰人或英国人在新英格兰地区会使用这一具有嘲笑意味的绰号"。根据《牛津英语词典》，"Doodle"一词起源与 17 世纪，在英语中表示"蠢小伙儿"的意思。

《洋基歌》中有句歌词这样写道：他在帽子里插根羽毛 / 叫它作通心粉式假发（He stuck a feather in his cap/And called it Macaroni）。这句歌词十分让人疑惑，因为通心粉（macaroni）是一种管状的空心意面，与羽毛长得一点儿都不像。《牛津英语词典》认为，歌词里的通心粉指的其实是 18 世纪伦敦的通心粉俱乐部（Macaroni Club）。当时美味的通心粉还是舶来品，因此成立了这个俱乐部，"表示俱乐部的成员都喜爱异域美食"。这个俱乐部的成员都是游历欧洲各国的年轻人，他们"会为模仿欧洲大陆的品味和潮流而一掷千金"。换句话说，这是英军嘲笑殖民地军队的话，英军认为殖民地军队其实没有他们自认为的绅士有理。同士兵之间常见的玩笑话相比，这个玩笑倒显得比较温和，而且有理有据。

1775 年，美国独立战争爆发，原先的战友成为了现在的敌人。美国罗克斯伯里（Roxbury）的威廉·戈登牧师（Reverend William Gordon）于 1788 年撰写《美利坚的崛起、发展、建国与独立史：卷 一 》（*The History of the Rise, Progress, and Establishment, of the Independence of the United States, Volume I*）一书。该书写道，莱克星顿战役之前，"珀西勋爵（Lord Percy）指挥的英国军队在行军路上还纵声唱着《洋基歌》来表达自己的不屑之情。这是一首嘲笑新英格兰人的歌，洋基人是对他们的蔑称"。

然而当战局扭转，殖民地军队处于上风后，殖民地军队士兵也唱起这首歌来嘲笑英国士兵。《牛津英语词典》转引了《宾夕法尼亚州晚邮报》（*Pennsylvania Evening Post*）1775 年的一篇报道。根据该报道，英军盖奇将军的部队"士气萎靡不振……打算安安静静地撤退，不再唱什么《洋基歌》了"。之后，美国人民就把这首歌作为自己的爱国歌曲了。

代表厄运的纳粹"卍"字饰

万（"卍"）字饰（swastika）的主体是一个长度相等十字架，十字架的两端呈直角弯曲，按照同一旋转方向顺时针旋转。《牛津世界史词典》一书表示，"卍"字起源于梵文的"svastika"一词，表示"万德吉祥"的意思。左旋或逆时针旋转的"卍"字饰被称为"卐"（sauvastika），有时（但不是经常）表示厄运之意。在某些设计中，"卐"字饰仅仅表示是"卍"字饰的镜像。

罗马马赛克镶嵌画上就绘有"卍"字饰，法国 13 世纪的亚眠大教堂（Amiens Cathedral）的地面设计也采用了"卍"字饰。作家鲁德亚德·吉卜林（Rudyard Kipling）在《诗：1889 年至 1896 年》（*Verses 1889 to 1896*）一书中也使用了这个标志。书中有一个脚注还写道，吉卜林在这本书中经常使用这个标志。1908 年，一个小型的社区在加拿大北安大略省（Northern Ontario）的一个矿区成立了，这个社区被命名为"斯瓦斯提卡"（"卍"字饰在英语中的音译），并一直没有改过名字。路易斯·雅各布斯（Louis Jacobs）在其著作《犹太宗教简明指南》（*A Concise Companion to the Jewish Religion*）一书中写道，"考古学家在犹太教会堂也发现了'卍'字饰，表明犹太人也会使用这个标志，不过仅仅是作为装饰用途"。20 世纪初，许多国家都认为"卍"字饰代表着好运。

"卍"字饰

154

《大英百科全书》写道，"纳粹德国将这个标志顺时针倾斜变成'卐'字，之后用作整个国家的象征"。《牛津第二次世界大战指南》指出，纳粹德国"认为这一标志最早是日耳曼人使用的（不过这一想法是错误的），所以就采用了这一标志"。

阿道夫·希特勒于 1927 年写出了自己的政治宣言《我的奋斗》一书。这本书的原德文标题为 *Mein Kampf*，有些党派批评家戏称这本书为 *Mein Krampf*（《我的抽风》）。在这本书中，希特勒用了好几段的文字详细讲述了他自己是如何想出这一设计的。他吐露说，"我作为纳粹党领袖，是不愿意公开我的设计的，因为有可能有人会想出和我一样好的设计"。（要是你也是未来的领袖，那你可要小心类似的事情了。）他说，他不得不"放弃了数不清的设计建议……其中有许多设计都用了'卐'字饰"。希特勒随后承认说，"来自施塔恩贝格（Starnberg）的一位牙科医生提交了一份很好的设计，与我的设计类似。但是他的设计图上有一个错误，就是他的'卐'字饰……是白底的"。最后旗帜采用的设计是红色底色，中间位置有白色圆盘，圆盘正中间是黑色"卐"字饰。希特勒特意补充说，他"还制定了"纳粹党的政党标准。这当然得由他制定了。

无论是有意还是无意，希特勒选择了代表厄运的"卐"字饰，而没有选择象征好运的"卍"字饰。人们认为，这主要是因为对这个标志的"左旋"和"右旋"的定义出现了混淆。所有的权威人士都认为右旋的万字饰象征好运。包括《大英百科全书》在内的大部分权威资料认为，末尾朝向右边的万字饰即为右旋。但是，包括鲁迪格·达尔克（Rudiger Dahlke）所写的艺术书籍《世界的曼陀罗》（*Mandalas of the World*）在内的一小部分权威资料则认为，末尾朝向右边的万字饰是左旋的，就好比是一架喷气式飞机（想象尾气是从末尾排出的），是朝左边旋转的。

在茫茫宇宙、大千世界中，在这一点上争执不休显得有点儿奇怪。关于希特勒的缺点一事，存在很多比纳粹军队在战场使用这一旗帜好得多的例子。

骑马雕像中抬起的马蹄数量可以看出骑手的死亡原因

在骑马雕像中，如果马匹四肢着地，那么表明骑手在战场上毫发无伤；如果马匹两肢着地，那么表明骑手战死在战场上；如果马匹三肢着地，那么表明骑手在战场上受了伤，并死于伤病；如果马匹四肢腾空，那么表明这匹马战死在战场（最后一点是编出来的）。小学生们都知道这种用来辨别骑手死因的所谓规则。

托马斯·桑尼克罗夫特（Thomas Thornycroft）于 1869 年在利物浦拉姆大街（Lime Street）的圣乔治广场（St George's Plateau）雕刻了维多利亚女王骑马的雕像。雕像中的马抬起了一只蹄子。即便是上课最容易开小差的小学生都知道，维多利亚女王从未在战场上受过伤，所以这个所谓规则并不适用所有情况。与去世的女王陛下相比，威灵顿公爵（Duke of Wellington）显然更有军旅经验。只需要研究一下他的雕像，就可以看出这个规则的漏洞。

其中一个威灵顿公爵雕像位于格拉斯哥（雕像里的公爵头戴锥形交通路标帽子），所骑的马匹四肢全部着地。还有一个则位于奥尔德肖特（Aldershot），在这座雕像中，公爵所骑的马匹也是四肢全部着地。到目前为止一切顺利：威灵顿公爵 83 岁的时候在自己的床上去世。但是，约翰·斯蒂尔爵士（Sir John Steel）为威灵顿公爵雕刻的青铜雕像却出现了问题。这座雕像位于爱丁堡的王子街，人称"铁公爵（Iron Duke）"青铜雕像。在这个雕像中，

公爵所骑的马匹有两只马蹄腾空，表明公爵死于战场之上，但事实并不是这样。

这个规则也不适用于美国将军乔治·华盛顿。这座华盛顿雕像由亨利·默文·施雷迪（Henry Mervin Shrady）创作，位于纽约布鲁克林区的福吉谷（Valley Forge）中。在这座雕像中，华盛顿的马匹四肢着地，表明他是像威灵顿公爵一样在床上安详去世的，享年 67 岁。除了这座雕像外，华盛顿还有四座雕像，分别位

华盛顿雕像

于华盛顿特区的华盛顿圆环（Washington Circle），弗吉尼亚州首府
里士满（Richmond）的议会大厦（Capitol Grounds），马萨诸塞州的
波士顿公共花园（Boston Public Garden）和巴黎的德莲娜广场（Place
d'Iena）。在这四座雕像中，华盛顿所骑的马匹有一只马蹄腾空，表明
华盛顿战场上受了伤，并死于伤病。

有人称，这一规则只适用于为参加葛底斯堡战役的士兵雕刻的雕
像，但是这一说法也不正确：葛底斯堡国家公园（Gettysburg National
Park）里的詹姆斯·隆史崔特（James Longstreet）的骑马雕像的马匹
是一脚腾空的，但是隆史崔特在美国内战中得以幸存，随后从政，并
于 83 岁去世。

所以，在辨别一座骑士雕像的骑手的命运时，我们是没什么规律
可遵循的。最让人困惑的是有人竟然会相信那种说法。

美国公民的持枪权

与很多人想法相反的是，美国公民并不是想持有枪支就可以持有
枪支。小查尔斯·J. 邓拉普（Charles J. Dunlap Jr）为《牛津美国军事
史指南》（The Oxford Companion to American Military History）提供的
词条中写道，"绝大多数美国人认为宪法赋予了他们持有枪支的权利"。

但是，根据《牛津美国政府指南》(*The Oxford Guide to the United States Government*) 一书所写，美国宪法第二修正案 (the Second Amendment to the US Constitution) 其实是这么规定的：一个受到良好管理的军事力量，对自由州的安全而言是必要的，人民持有和携带武器的权利不得侵犯。也就是说，一个州需要有可以保障自由的民兵，所以这个州的人民有权持有枪支，这样一旦需要团结起来组成一支民兵自卫队，那么大家都已经做好了相应准备。

美国人民这种小心谨慎态度需要追溯至美国独立战争期间。一旦战争警报拉响，殖民地的民兵队伍需要快速反应，击退英军。1774 年，《宾夕法尼亚公报》(*Pennsylvania Gazette*) 报道说，"每一位民兵（组织并没有为其提供武器）需要快速装备武器，包括轻武器、刺刀、小袋、背包和装有 30 发子弹的弹药和炮弹"。

美国宪法第二修正案的措辞是模棱两可的。"人民持有和携带武器的权利不得侵犯"这句话具有歧义，其字面含义表明个人有权持枪，但是考虑到上下文和时代背景，这句话又表明集体才有权持枪。所以，这两种解读究竟哪个是正确的呢？这一问题自然没有确切答案。

有人认为，17 世纪的英国律师威廉·布莱克斯通 (William Blackstone) 对英国普通法 (common law) 的解读很早就为美国公民创造了可以持枪的先例。尤维勒 (Uviller) 和默克尔 (Merkel) 在《民兵及持枪权》(*The Militia and the Right to Arms*) 一书中写道，第二修正案只是"重申新宪法框架下已制定的法律"。

根据《牛津美国政府指南》一书，新泽西最高法院认为第二修正案主要的内容"不在个人权利",而在"保证各州有有组织的现役民兵队伍"。同样,在 1886 年的"普雷瑟诉伊利诺伊州案(Presser v. Illinois)"一案中,新泽西最高法院判决该修正案"仅仅适用于联邦政府"。但是,关于"第二修正案是否保障了个人持枪的权利"这一问题,2004 年时,《司法部意见书》(*Memorandum Opinion for the Attorney General*)认为,"第二修正案规定人民有权持有和携带武器"。但是,这份文件补充说,"就第二修正案保障何人的权利一事上,现有的案例法没有给出确切判决"。就目前的法律而言,"第二修正案没有禁止各州政府进行枪支管制"。

这样说来,美国公民的持枪权受到了一些限制。但是,至于这一权利是否会被剥夺,现在为止尚无定论。

第 11 章

难以确认的发明家

W．H．胡佛发明了吸尘器

英国土木工程师休伯特·塞西尔·布斯（Hubert Cecil Booth）于1901 年发明了电动吸尘器，这是世界上第一台电动吸尘器，其体积与送牛奶的车一般大。伊恩·哈里森（Ian Harrison）在《发明之书》（*The Book of Firsts*）一书中写道，这台电动吸尘器十分笨重，必须由马拉车辆运输。因为这台吸尘器体型庞大，所以无法进入室内，只能放在路面上，通过 200 米长的软管吸出室内的灰尘。但是，并不是人人都喜欢这种刚发明出来的清洁工具。布斯写了一篇题为《吸尘器起源》（*The Origin of the Vacuum Cleaner*）的论文，并发表在了 1934-1935 年版的《纽康门协会会报》（*Transactions of the Newcomen Society*）上面。布斯在该文章中写道，警察认为"他无权在街道上使用这台机器"。这位倒霉的发明家经常被人起诉，指控他的机器"吓到了路上出租马车的马"，造成了破坏。另外，这台机器的价格为 350 英镑，对当时处于世纪之交的普通住户来讲十分昂贵，更别说这台机器还不能放入楼梯下方的储物柜里。

布斯在观看一台美国除尘器的演示时想到了真空吸尘的方法。有人经常说那次有美国吸尘器展览的展会是在一节火车车厢里举办的，但是布斯说"帝国音乐厅（Empire Music Hall）"才是真正的举办地。这台美国的除尘器利用压缩空气"朝向地毯吹风"，以"把尘埃吹入容器内"。布斯质疑其发明家"为什么不把灰尘吸进容器里"。遗憾

老式吸尘器

的是，这位发明家"变得十分激动"，反驳说"不可能把灰尘吸出来，他已经反复试了好几次，但都失败了"，随后这位发明家就走开了。

不为所动的布斯认真思考这一问题，他说，"我在维多利亚街的一家餐馆做了次吸尘试验，用嘴对着一把长毛绒椅背吸气"。试验的结果是："我快被噎死了。"这也算是一种……可以发出"我想到了！（Eureka!）"[1]的重大时刻吧……

位于伦敦海德公园的水晶宫当时是皇家海军志愿后备队（Royal Navy Volunteer Reserve）的营房，布斯用吸尘器对水晶宫来了一番大扫除。布斯的吸尘器一共吸走了26吨灰尘，有人还告诉他，"士兵们的健康状况立马就得到了改善"。第一次使用吸尘器的实践取得了成功，这大大鼓舞了布斯。随后，布斯发明了一个名叫手推吸尘器（Trolley-Vac）的新装置，并于1906年上市销售，售价35基尼，但是这个价格对当时爱德华七世时代的普通居民来讲仍然十分昂贵。

次年，来自俄亥俄州的一位患有哮喘的看门人詹姆斯·默里·斯潘格勒（James Murray Spangler）在美国提交了一份专利，《科技史》

1　"Eureka！"意为"我发现了！我想出了！"据说是古希腊学者阿基米德根据比重原理测出希罗王王冠所含黄金的纯度时所发出的惊叹语；现用作因重要发明而发出的惊叹语。

（*History of Technology*）将其称为"地毯清扫器（carpet sweeper and cleaner）"。斯潘格勒只是简单地把扫帚把、旋转的刷子和枕头套拼凑到了一起，但是他的清扫器与众不同的一点是，他还在上面装了一台小的电动机。根据伊恩·哈里森的说法，斯潘格勒碰巧向自己的表妹苏珊·特瓦而·胡佛（Susan Travel Hoover）展示了自己的发明，而她的丈夫、马鞍商人威廉·H. 胡佛（William H. Hoover）看到后，"立马发现了其中的商机"，就从斯潘格勒手中买下了专利。

约翰·N. 欣厄姆（John N. Hingham）在《美国商业领袖传记词典：卷二》（*The Biographical Dictionary of American Business Leaders, Volume 2*）一书中写道，胡佛在《星期六晚邮报》（*Saturday Evening Post*）上登载了两栏广告，广告词是这样的："机身小巧，灰尘污垢通通清扫；成本低廉，每个房间不到一分"。他的"小巧机器"备受欢迎，十分流行。1926 年，胡佛给机器增加了一个"除尘棒"，进一步改进了机器性能。《布鲁尔短语和寓言词典》（*Brewer's Dictionary of Modern Phrase and Fable*）一书写道，"1927 年，胡佛为自己的机器申请了专利"，"胡佛"一词立马成了英语中的一个单词，含义是用吸尘器打扫。

这样看来，威廉·H. 胡佛（而不是詹姆斯·默里·斯潘格勒）发明了吸尘器的这个说法也许是正确的。毕竟，"我去用斯潘格勒吸尘器打扫一下客厅"这句话听起来绝对怪怪的。

毕达哥拉斯发现了毕达哥拉斯定理

每个小学生都熟悉毕达哥拉斯定理（Pythagoras' theorem）[1]（我希望是这样）：直角三角形两直角边边长平方和等于斜边边长的平方。在数学中，这个定理就用 $a^2+b^2=c^2$ 表示。顺便说一下，不要跟《绿野仙踪》（*The Wizard of Oz*）的铁皮人（Tin Man）学习这个定理。你还记得铁皮人在拿到"毕业证书"的时候说了什么吗？他说，"等腰三角形斜边边长的平方等于其他两边边长的平方和"。毫无疑问，加上"等腰"二字是为了让这个定理听起来更让人印象深刻。的确，三角形包括两边长度相等的等腰三角形，而这一定理中的三角形一定是直角三角形，但是铁皮人却没有说出来。

人们一般认为这一著名定理是由公元前 6 世纪的希腊哲学家、数学家毕达哥拉斯提出的。但是，我们实际上很难区分毕达哥拉斯自己的学说和他的学生们的学说，因为关于毕达哥拉斯本人学说的文字记录都已不复存在了。而且，他的弟子们（人称毕达哥拉斯学派）会随意把自己的发现说

毕达哥拉斯

---

1 毕达哥拉斯定理即勾股定理。

成是其老师的发现。弗里茨·格拉夫（Fritz Graf）在《牛津古典词典》（*Oxford Classical Dictionary*）一书中也说道，"因为不存在书面记录，我们无法确定毕达哥拉斯学派在数学、音乐和天文学领域的哪些学说是由毕达哥拉斯本人及其早期的追随者提出来的"。

公元前 1 世纪的罗马建筑师、工程师马可·维特鲁威·波里奥（Marcus Vitruvius Pollio）是第一个将毕达哥拉斯与这个定理联系起来的人，但是维特鲁威没能提供相应证据。克里斯蒂亚娜·L. 约斯特·高奇埃（Christiane L. Joost-Gaugier）在《测量天空》（*Measuring Heaven*）一书中写道，维特鲁威只不过是"把口头的传说记录下来而已"。

1 世纪罗马帝国时期的希腊传记作家普鲁塔克在其著作《道德论丛》（*Moralia*）一书中引用了数学家阿波罗多特斯（Apollodotus）的话："毕达哥拉斯发现了这一著名定理，高兴地宰杀了一头壮牛。"但是，普鲁塔克并不确定这个宰牛庆祝的故事是与发现毕达哥拉斯定理有关，还是和"圆锥体的抛物线截面面积"问题有关。他在《食肉》（*The Eating of Flesh*）一文中还写道，毕达哥拉斯相信转世轮回，是个素食主义者，宣扬不开杀戒，所以毕达哥拉斯宰牛庆祝的这则逸事有可能只是阿波罗多特斯的夸张之作。

其实，这一定理早在毕达哥拉斯之前就被发现了。《代数整数原理》（*Theory of Algebraic Integers*）一书中就写道，"若干文明古国都分别发现了这一定理"。早在公元前 1800 年，巴比伦人就对这个定理"十分着迷"，在一块泥板上记下了 15 组勾股数。这块泥板现存于美国哥伦比亚大学图书馆内，编号为"普林顿 322（Plympton 322）"。
《大英百科全书》也引用了 4 块可以追溯至公元前 1900 年至 1600 年
的巴比伦泥板，表明"古巴比伦人对这个定理有所了解"。此外，埃
及古物学教授米洛斯拉夫·维尔纳在其著作《金字塔》一书中指出，
早在公元前 12 世纪埃及人建造金字塔的时候，埃及人就"知道了……
毕达哥拉斯定理"，尽管他们不是用毕达哥拉斯的名字命名这个定
理的。

不管这个定理的起源如何，"毕达哥拉斯定理"绝对是个利于记
住这个定理的好名字。并且在发现这个定理的时候，一头牛都没有被
杀掉。

罗伯特·本生发明了本生灯

大多数人在学校的科学课上都接触过本生灯（Bunsen burner）这
种实验器材。本生灯是一种小型的煤气灯，底部有调节套管，可以在
点火之前控制进入的气体含量。本牛灯的一大优势是火焰的温度较高，
煤气灶和燃气灶就是根据本生灯改良而来的。本生灯于 1855 年得到
了 19 世纪德国化学家罗伯特·本生（Robert Bunsen）的推广。但是，
《麦克米伦百科全书》（*Macmillan Encyclopedia*）写道，"罗伯特·本

生本人并没有发明本生灯"。

第一台实验室用的煤气灯是由英国物理学家、化学家迈克尔·法拉第（Michael Faraday）研制的。法拉第在其 1827 年的著作《化学操纵》（*Chemical Manipulations*）一书中热情地写道，"几年之前还只是一件奇物的化学煤气灯现在终于变得……有价值了"，因为现在"可以根据不同的需要，对煤气灯进行精确调节"。《物理学词典》（*A Dictionary of Physics*）一书写道，本生后来使用了这样一盏灯，但是那盏灯"没有调节套管"。A. J. 罗克（A. J. Rocke）在《牛津现代科学史指南》（*The Oxford Companion to the History of Modern Science*）一书中表示，本生要求科学技师彼得·迪斯德加（Peter Desaga）研制出一种煤气灯，这种煤气灯"可以控制进气量，在燃烧之前气体与空气就可以混合，燃烧的火焰温度高，无煤烟，不发光"。迪斯德加设计出了可行的方案，"并且……生产了 50 盏本生灯"。罗克说，本生"于两年之后发表文章，介绍了本生灯"，经过改良后的煤气灯很快

本生做实验

得到了采用。迪斯德加从未为自己的发明申请专利，这种做法"让整个科学界都共享了这一重要发明"。

历史证明，本生灯对现代科学的进步做了十分有价值的贡献。我过去在化学课上，觉得无聊的时候就会把本生灯垫

着的小垫子给啃了，后来我发现，即便是这种小垫子也是由最好的石棉网做成的。

阿尔弗雷德·诺贝尔发明了硝化甘油炸药

用炸弹做实验是一项危险的爱好。比如，1846 年，意大利化学家阿斯卡尼奥·索布雷罗（Ascanio Sobrero）得到了一种令人关注的化合物。根据格雷厄姆·韦斯特（Graham West）所写的《隧道业的兴起与创新》（*Innovation and the Rise of the Tunnelling Industry*）一书，索布雷罗发现"只消品尝一点点这种化合物，人的头就会十分疼痛"，更让人担心的是，"一只狗在服用小剂量的这种化合物后就死掉了"。这一化合物就是硝化甘油（nitroglycerine）。

得到了硝化甘油的索布雷罗也为此付出了代价：在用硝化甘油做实验的时候，索布雷罗面部严重受伤。因此，索布雷罗决定终止自己的研究。

尽管硝化甘油的危险系数很高，但是瑞典化学家阿尔弗雷德·诺贝尔仍然尝试制造这种化合物，成为制造硝化甘油的第一人。以索布雷罗的研究为基础，诺贝尔进行了进一步实验。但是，1864 年的时候，实验过程中发生了几次爆炸，包括诺贝尔弟弟在内的几个人都身亡了。

两年之后，诺贝尔通过改进制造工艺解决了这个问题，并研制出了炸药（dynamite）——炸药一词的词源是希腊单词"dynamis"，其意为能量，这种炸药十分高效，而且更稳定，运输时也更安全。

1888 年，诺贝尔的一个哥哥去世。一家法国报纸误以为去世的是阿尔弗雷德·诺贝尔本人。迈克尔·毕肖普（Michael Bishop）在《如何赢得诺贝尔奖》（*How to Win the Nobel Prize*）一书中写道，在报道"诺贝尔之死"时，这家报纸在标题中称他为"死亡商人"。

终生未娶的诺贝尔其实是个和平主义者，于是他就借此机会来提升自己"死后的"名声。在生产炸药的过程中，诺贝尔积累了大量的财富。他将自己的财产捐赠出去，设立了如今声名卓著的诺贝尔奖。世人都为此而感到高兴——但是他的亲戚则有可能会感到难过，因为他们不仅没有成为巨富之人，还必须为家族出了一位让人骄傲的伟大慈善家而感到心满意足，尽管这位慈善家研制出了可以带来死亡与毁灭的炸药。

第 12 章

疑点丛生的发现者

本杰明·富兰克林用风筝实验证明闪电的本质是电

18 世纪中叶，美国政治家、科学家、发明家本杰明·富兰克林开始对彼时最新潮的事物——电力——产生了兴趣。1751 年，富兰克林发表了关于使用金属杆在雷电天气里引电的理论。但是，在富兰克林测试自己的理论之前，法国人乔治-路易·德·布封伯爵（Comte Georges-Louis de Buffon）先他一步，抢先在法国做了这个实验。

布封还没有傻到亲自来做这个实验。J. L. 海尔布伦（J. L. Heilbron）在《牛津现代科学史指南》中写道，在一次暴风雨中，布封雇佣了一位"甘愿赴死的老兵"，这位老兵"用指关节碰了一下金属杆，金属杆迸出了火花"。海尔布伦说，那次金属杆所导的电很微弱，因此老兵得以幸存，如果是一整个闪电劈下来的话，老兵就会被烧焦了……我们在下文中就会看到类似的事故。

自此，风筝就取代了金属杆成为了人们首选的导体。海尔布伦认为法国科学家雅克·德·拉玛（Jacques de Romas）是"第一个建议使用风筝将雷电引到地面的人"。在一封富兰克林于 1752 年 10 月写给彼得·柯林森（Peter Collinson）的信中，富兰克林称，在

本杰明·富兰克林

法国做的实验"在费城也成功了"，实验用了一只风筝、一把金属钥匙、丝带和富兰克林称为"管形瓶"的莱顿瓶（Leyden jar）。富兰克林说，打湿的风筝线可以"任意导电，之后在风筝线的末端系上丝带并绑上一把钥匙"。"暴风雨快要来的时候，开始放风筝"，"实验者必须站在室内或者可以避雨的地方，确保丝带不被淋湿，还要确保风筝线不会碰到房间的门框或窗户"。（富兰克林在这个实验中使用干燥的丝带来确保实验者不被烧焦，只可惜丝带这种安全设备完全没有用。）"随后用指关节触碰钥匙，你就会感到一阵阵电流"。然后实验者就把钥匙导的电导入"管形瓶"里。（管形瓶或莱顿瓶是一种电容器。）

这样看来，富兰克林还算明智，因为他没有让钥匙导的电导到"实验者身上"。实际上，富兰克林使用风筝线是为了让金属钥匙上升到风暴中。真正导电的是这把"钥匙"，而不是手握打湿的风筝线的实验者。

1767 年，英国科学家约瑟夫·普利斯特里（Joseph Priestley）在《电力的历史和现状》（*History and Present State of Electricity*）一书中称，富兰克林于 1755 年 6 月做了这个实验，尽管富兰克林没有留下什么记录。普利斯特里说，"在法国电学家证实了同一理论的 1 个月后"，富兰克林站在旷野里的一个小屋里，"用自己的指关节触碰了那把钥匙"。普利斯特里貌似不知道这种实验失败的后果是什么，因为他让读者亲身体验一下，看看"富兰克林在感受到明显的电火花的时候，他会有多么兴奋"。（普利斯特里显然没有碰过通着电的路灯电缆，他肯定误以为这种电缆是要被断开的。）

本杰明·富兰克林的传记作家 R. 康拉德·斯坦（R. Conrad

富兰克林进行风筝实验

Stein）说，"没人可以百分百确定，富兰克林到底是做了，还是没做这个实验"。不过我们知道的是，富兰克林没有为了做实验而在雷雨天气中放最普通的风筝。

次年，基于富兰克林的避雷针研究，德国物理学家格奥尔格·威廉·里奇曼（Georg Wilhelm Richmann）自制了一个避雷针，但却死于非命。马克·斯滕霍夫（Mark Stenhoff）在《闪电球》（*Ball Lightning*）一书中写道，里奇曼和一位同事发现暴风雨就要来了，便飞快地跑回家想要做几个实验。同事说，里奇曼教授的手刚碰到避雷针时，"避雷针就喷出了一个拳头大小的淡蓝色火球"。不幸的是，"这个火球一下窜到了教授的前额，教授一句话都没有说就倒下了"。同事继续说，教授的鞋子"猛地裂开"，致人死命的电荷通过教授的脚传到了地下。这就是里奇曼教授飞速赶回家做雷电实验，结果却死于非命的故事。

亚历山大·弗莱明在一块发霉的面包上发现了青霉素

可以说，20 世纪上半叶青霉素的发现是现代医学取得的最大进步。1929 年，苏格兰细菌学家亚历山大·弗莱明无意中发现了这一"灵丹妙药"。《诺贝尔生理学或医学演讲：1942-1962 年》（*Nobel Lectures in Physiology or Medicine 1942-62*）出版了弗莱明 1945 年获诺贝尔奖时的演讲。弗莱明在演讲中承认，"我只是偶然观察到了青霉素"。当时，弗莱明正在研究治疗流感的方法。一次偶然的机会，弗莱明看到一个废弃的培养皿中长出了一种神奇的霉菌。所以，弗莱明不是在自己剩下的午饭上发现青霉素的。1929 年，弗莱明撰写了论文《关于霉菌培养的杀菌作用》（*On the Antibacterial Action of Cultures of a Penicillium*），并发表在《不列颠实验病理学杂志》（*British Journal of Experimental Pathology*）上。在这篇文章中，弗莱明说，"在实验过程中，培养皿必须与空气接触，然后培养皿就被各种微生物污染"。（实际上，弗莱明的实验室一般都比较乱，做实验用的培养皿会在放了好几个星期后才会清理。）

有人说，污染培养皿的霉菌是从开着的窗户飘进来的。实际上，这些孢子是由楼下的实验室飘上来的，当时楼下的实验室正在做过敏实验。这个故事之所以会和面包有联系，是因为培养皿中的霉菌是面包霉。面包霉把培养皿里的细菌都杀死了，所以弗莱明认为这种霉菌可以"杀菌"。弗莱明继续写道，"我唯一的贡献就是没有忽视这一现象，并且以细菌学家的身份进行了深入研究"。

亚历山大弗莱明

但是，弗莱明的研究还不算彻底。《20 世纪名人录》（*Who's Who in the Twentieth Century*） 一书指出，弗莱明"未能对青霉素进行提纯，也未能说明其真正的治疗价值"。《大英百科全书》认为这是因为弗莱明缺少"必要的化学手段"，因此"无法分离和确认青霉素里的活性物质"。而 J. K. 阿伦森（J. K. Aronson）在《牛津医药指南》（*The Oxford Companion to Medicine*）一书中补充说，弗莱明"未能试着将青霉素应用于临床之上"。甚至弗莱明本人都承认，"我 1929 年发表的论文只是别人研究青霉素的起点，特别是研究青霉素在化学领域的起点"。

事实上，直到 1940 年，厄恩斯特·钱恩（Ernst Chain）和霍华德·弗洛里（Howard Florey）才证明了"青霉素作为抗生素的巨大价值……二人的研究为其他各种抗生素研究铺平了道路，宣告了细菌和真菌疾病治疗方法变革的到来"。

阿姆洛斯·莱特爵士（Sir Almroth Edward Wright）曾于 1942 年 8 月 28 日写信说，"荣膺发现青霉素的'桂冠'的是这一研究实验室的亚历山大·弗莱明教授"。所以，我们有可能就因此认为，弗莱明一人就发现了青霉素及其价值。显然，阿姆洛斯爵士急于为自己的疫苗接种部门邀功。这一部门隶属于伦敦帕丁顿区（Paddington）的圣玛丽医院（St Mary's Hospital）。阿姆洛斯爵士继续写道，弗莱明"发现了青霉素，并第一个写了文章，指出了青霉素可能在医学上的重要应用"。但是，科学界更了解事情的真相：1945 年，弗莱明、弗洛里和钱恩共同获得了诺贝尔医学奖。

爱德蒙·哈雷发现了哈雷彗星

"嗖"的一声划过天际的巨大球体是很难被忽视的。早在 2000 多年前的公元前 240 年，中国天文学家就观测到了世界上最出名的彗星——哈雷彗星，并做了相关记录。哈雷彗星距地球最近的时候是在公元 837 年。《图解科学词典》（*Illustrated Dictionary of Science*）一书说，1066 年的"贝叶挂毯（Bayeux tapestry）上就绣有"哈雷彗星。在挂毯上，哈罗德国王（King Harold）的朝臣正惊奇地指着这个火球，而哈罗德国王则猛地弯下了腰。

有人认为，伯利恒之星 [1]（Star of Bethlehem）其实就是出现在天

---

1 伯利恒之星，也被称作"圣诞之星"或者"耶稣之星"。当耶稣在马厩里降生时，这颗星照亮了伯利恒的早晨。

空中的哈雷彗星，但是帕特里克·穆尔（Patrick Moore）在《天文学数据手册》（*The Data Book of Astronomy*）一书中更正了这一说法，他说，公元前 12 年，"哈雷彗星就早早地光临了地球"。艾伦·库克（Alan Cook）在一本关于爱德蒙·哈雷（Edmond Hailey）的传记中认为，1301 年，哈雷彗星回归。1304 年至 1306 年，意大利画家乔托·迪·邦多纳（Giotto di Bondone）以此为灵感绘制了宗教壁画《东方三博士来朝》（*Adoration of the Magi*）。画面上，马厩上方的伯利恒之星就被画成一个巨大的火球。

爱德蒙·哈雷

18 世纪早期的英国天文学家爱德蒙·哈雷只是第一个测定哈雷彗星轨道数据的人，他认为之前出现的几颗彗星实为同一颗星，并成功预言了其回归的时间。哈雷在其 1705 年的著作《彗星天文学概要》（*A Synopsis of the Astronomy of Comets*）一书中写道，1531 年、1607 年和 1682 年（哈雷首次观测到这颗彗星）出现的彗星是同一颗星，大约每 76 年就会回归地球："所以我敢预测，这颗彗星会于 1758 年回归地球。"

遗憾的是，哈雷于 1742 年去世，没能亲眼看到自己的预言是正确的。16 年后，这颗彗星如约而至，人们就以哈雷的名字为这颗星星命名。预计哈雷彗星下次过近日点时间是在 2061 年。可以确定的是，到那时，各种健康和安全法规会建议我们不要直视哈雷彗星，否则某些人就会有点儿头痛了。

查尔斯·达尔文因害怕被排斥而延迟发表了进化论

19世纪博物学者查尔斯·达尔文因提出"物竞天择、适者生存"的进化理论而举世闻名。达尔文于1840年左右就想出了这一理论，但是他直到近20年后的1859年，才出版了《物种起源》(*On the Origin of Species by Means of Natural Selection*) 一书，对外公布了自己的理论。人们一般认为，达尔文是因为害怕公众或个人的嘲笑与报复行为，而一直推迟公布自己的发现，绝口不提物种进化理论。

达尔文1876年写成《自传》(*Autobiography*) 一书（达尔文从未打算出版这一本书）。在这本笔调轻松欢快的书中，达尔文从未提起过自己的害怕之情，也从未说自己绝口不提物种进化理论。剑桥科学历史学家约翰·范·维尔博士 (**Dr John van Wyhe**) 称，"史学界最近开始研究达尔文为什么推迟发表自己的理论，但是目前还没有明确的证据"。范·维尔2007年的研究论文《小心空隙：达尔文延迟很多年才发表论文了吗？》(*Mind the Gap: Did Darwin Avoid Publishing his Paper for Many Years?*) 中写道，尽管这一说法十分流行，"但是却与历史证据相差甚远"，并且"人们在达尔文发表论文之前就知道了他的理论"。的确，在一封达尔文于1844年写给植物学家约瑟夫·道尔顿·胡克 (**Joseph Dalton Hooker**) 的信中，达尔文说："我觉得我发现了（只是推测！）物种是如何巧妙适应自然界的简单方法。"达尔文知道许多人会批评他的理论。他向胡克说，他相信进化论，"就好像承认自己杀了人一样"。但是，达尔文并不惧怕被嘲笑。1841 年，达尔文发表了自己关于漂砾的早期研究成果。1848 年，他致信地质学家约翰·菲利普斯（John Phillips）说："我相信很多人会痛斥我的论文，但我绝不会改变我的想法，我绝不会胆怯，我会大声说出我的想法。"

《大英百科全书》认为"进化论并不是什么新的理论"。达尔文的理论只不过"解释了进化是如何进行的"。达尔文在自己的自传中写道，1837 年，"我打开笔记本，写下了与物种起源有关的种种事例的第一句话，这些事例我思考了很久，此后的 20 年，我就再也没有停过笔"。达尔文于 1842 年写下了关于进化论的梗概，于 1844 年又写了一篇篇幅较长的梗概，但是直到 1856 年，他才开始着手写"关于进化论的多卷本著作"，距离他第一次写下这个理论已经过去了 16 年。

迪恩·基思·西蒙顿（Dean Keith Simonton）在《天才的起源》

查尔斯·达尔文

（*Origins of Genius*）一书中写道，"包括地质学家查尔斯·莱尔（Charles Lyell）在内的达尔文的朋友建议达尔文不要拖得太久，以免其他科学家捷足先登，抢先发表"。这样的事情真的发生了。达尔文在自传中写道，1858 年 6 月，当达尔文写完了 25 万字的时候，他收到了英国标本收藏家阿尔弗雷德·拉塞尔·华莱士（Alfred Russel Wallace）寄给他的一篇题为《论变种无限远离原种的倾向》（*On the Tendency of Varieties to Depart Indefinitely from the Original Type*）的论文。达尔文写道："这篇论文的理论观点和我的一模一样。"丹尼尔·L. 沙克特（Daniel L. Schacter）在《被遗忘的观点，被忽视的先驱》（*Forgotten Ideas, Neglected Pioneers*）一书中转引了达尔文说给莱尔的话，"你说我会被人抢先一步的话成真了，我的报复来了——我的原创性，现在无论究竟程度几何，都要不复存在了"。于是，在收到华莱士的论文两周后，达尔文与华莱士联合署名发表了进化论。达尔文说，两人联名发表的文章"并没有得到很多关注"。

达尔文之后发表了《物种起源》一书。他在写给莱尔的信中说道，他自己是"一个思考事情很慢的人，你在知道我用了多少年的时间才完全了解某些问题后，你会感到很惊讶的，而这些问题还有待进一步解决"。《物种起源》一书并没有提及人类是如何起源的。《大英百科全书》认为，达尔文一直在有意回避"人类的祖先是猿类"这一话题，但是报界却得出了这一结论。在达尔文看来，因为"许多博物学家完全接受了物种进化的理论，我认为是时候梳理我的相关笔记，发表关于人类起源的专著了"。1868 年，普鲁士国王向达尔文颁发了"功勋勋章（the order Pour le Mérite）"，3 年后，达尔文发表了《人类的由来》（*The Descent of Man*）一书。

根据《大英百科全书》一书，达尔文生前，"科学界大部分人都接受了他关于人类起源的理论，不过接受自然选择理论的速度较慢"。

第 13 章

张冠李戴的名人语录

能发明的基本上都被发明了

美国专利局官员查尔斯·H. 迪尔（Charles H. Duell）经常是人们嘲讽的对象。因为他曾说："能发明的基本上都被发明了。（Everything that can be invented has been invented.）"人们认为他是一个愚蠢的官僚主义者，竟然会说出如此荒谬的话。有人说，1899 年，持这种观点的迪尔致信麦金莱总统（President McKinley），力劝总统撤销专利局；也有人说，迪尔致信是为了请辞，因为他认为不会再出现什么新的发明了。塞缪尔·萨斯（Samuel Sass）于 1989 年写了一篇题为《怀疑的调查者》（*Skeptical Inquirer*）的文章。该文写道，希伯·杰弗里博士（Dr Eber Jeffery）对这件事情做了全面的调查。杰弗里在 1940 年版的《专利局协会期刊》（*Journal of the Patent Office Society*）一书中写道，他"没有发现，美国专利局的官员或职员因为认为不会再出现新的发明，而从该部门辞职的证据"。迪尔 1899 年的报告甚至还写到当年的专利数目比前一年增加了 3000 件左右。

沃洛（Worrall）和欧谢伊（O'Shea）在其作品《从华尔街到中国》（*From Wall Street to China*）一书中证实，"迪尔从未说过这句话"。杰弗里说，这句话实际上与另一位专利局官员亨利·L. 埃尔斯沃斯（Henry L. Ellsworth）有关。1843 年，埃尔斯沃斯向美国国会发表声明，"每年艺术所取得的进步让我们认为，这预示了一个时期的到来，到时人类的所有进步都止步不前"。但是，埃尔斯沃斯的这番话只是一种修辞手段，因为和所有负责任的官员一样，他向国会提出建议，希望专利局可以获得进一步投资，为未来的发展提供资金帮助。萨斯称，埃尔斯沃斯于两年后辞职，辞职的原因是"私事较多"。埃尔斯沃斯还说，"我希望我们得到公众的支持，有机会获得更大的发展"。

这样看来，这句"能发明的基本上都被发明了"本身就是被发明出来的。

恶人得胜的唯一条件，就是好人袖手旁观

埃德蒙·伯克（Edmund Burke）是 18 世纪的英裔爱尔兰政治家。这句"恶人得胜的唯一条件，就是好人袖手旁观（It is necessary only for the good man to do nothing for evil to triumph）"的睿智之言经常被认为是他写下的。但是，《牛津简明语录词典》（*Concise Oxford Dictionary of Quotations*）指出，埃德蒙·伯克所写的文字中"并没有这句话"。

保罗·F. 鲍勒（Paul F. Boller）在《他们从没有这么说过》（*They Never Said It*）一书中写道，第 14 版《巴特利特的通晓引

语 》（ *Bartlett's Familiar Quotations* ）称，据
说这句十分出名的话出现在埃德蒙·伯克
于 1795 年 1 月 9 日写给威廉·史密斯
（ William Smith ）的信中。

　　但是，鲍勒指出，人们在进一
步调查中发现，这封信的日期为 1
月 29 日，而且里面没有 "恶人得
胜" 的相关字眼。他补充说道，《纽
约时报》（ *New York Times* ）专栏作家
威廉·萨菲尔（ William Safire ）就此事
接触了巴特利特的编辑，他被告知这句
话所在的文章 "目前" 还没有找到。

埃德蒙·伯克

　　伯克确实说过内容相似的话：1770 年，伯克发表了题为《论
当前之不满情绪的根源》（ *Thoughts on the Cause of the Present
Discontents* ）的国会演讲。伯克在这次演讲中说，"坏人要结党，好
人更要团结；否则，好人在这场被人轻视的斗争中会一个一个牺牲，
且无人同情。" 伯克所说的这句话的中心思想，与那句大家以为是
伯克所说的名言的中心思想大致一致……至少我是这么认为的。

近卫军，起立！准备战斗！

　　1815 年，威灵顿公爵阿瑟·韦尔斯利（Arthur Wellesley）率领英军与拿破仑的法军在比利时的滑铁卢进行了一次战役，史称滑铁卢战役。据说，威灵顿公爵曾在此战役中高声喊："近卫军，起立！准备战斗！（Up, guards, and at 'em'！）"

　　《牛津简明语录词典》说，最初是禁卫军中的一位军官在一封信中写下了这句话，但是"之后威灵顿否认自己说过这句话"。保罗·F. 鲍勒在《他们从没有这么说过》一书中也写道，"公爵否认自己说过这句话"。鲍勒说，"禁卫军们在交火时一般会平躺下来，公爵有次就命令他们起来"。根据《牛津军事史》一书，人称"铁公爵"的威灵顿公爵喊的命令其实是：

威灵顿公爵

"近卫军，起立！准备好！开火！"

　　无论威灵顿的命令是什么，近卫军们都站了起来。英军在普鲁士军队的帮助下，打败了曾经不可一世的拿破仑军队，拿破仑皇帝最终兵败滑铁卢。

战利品属于获胜者

据说，是美国第7任总统安德鲁·杰克逊（Andrew Jackson）将"分赃制度（spoils system）"引入了美国的政治体系。"分赃制度"指的是赢得总统职位的人会解雇政治对手，代之为自己的盟友，这一词来源于安德鲁·杰克逊曾说过的"战利品属于获胜者（To the victor the spoils）"这句话。但是，杰克逊并不是这一制度的发起人，他也没有说过这句话。

《牛津简明语录词典》一书说，这一句话实际上是美国政治家威廉·勒尼德·马西（William Learned Marcy）于 1832 年在参议院发表演讲时提到的。威廉·勒尼德·马西发表这个演讲是为了给遭到参议员亨利·克莱（Henry Clay）抨击的国务卿马丁·范布伦（Martin Van Buren）辩护的。马西在谈到美国政客时说，"他们没有觉得这个制度有什么不好，敌人的战利品就是属于获胜者的"。

杰克逊总统共担任 8 年总统（1829-1837 年），在这 8 年中，只有 1/5 的联邦政府官员被撤职，其余的 4/5，无论其党派归属，都没有被撤职。

世界上有三种谎言：谎言、弥天大谎、统计数据

"世界上有三种谎言：谎言、弥天大谎、统计数据（There are three sorts of lies: lies, damned lies and statistics）。"这句经常被人引用的语录意思是，如果统计数据一旦被误用，那么所得出的结论将会是大错特错的。人们一般认为这句话是英国首相本杰明·迪斯雷利（Benjamin Disraeli）所说。

马克·吐温在其 1924 年的作品《自传》（*Autobiography*）一书中评论道："在这些情况下，迪斯雷利所说的话往往是可以适用的，那话

本杰明·迪斯雷利

说得公正而有力：'谎话有三种：谎话，该死的谎话和统计数字。'"[1]
但是，《哥伦比亚名言大全》（*The Columbia World of Quotations*）指出，有趣的是，"迪斯雷利的作品中从未出现过这句话"。《牛津科学名言词典》（*Oxford Dictionary of Scientific Quotations*）也指出，"除了这句话本身，没有其他证

1　这句话出自《马克·吐温自传》，马克·吐温著，许汝祉译，青苹果电子图书系列，第 258-259 页。

据表明迪斯雷利说过这句话"。

目前尚不清楚这句话是谁创造的。苏西·普拉特（Suzy Platt）在《容我引用》（*Respectfully Quoted*）一书中认为，记者、政治家亨利·拉布谢尔（Henry Labouchère）有可能是这句话真正的创造者。其他可能人选包括美国国会议员艾布拉姆·S. 休伊特（Abram S. Hewitt），海军军人、作家霍洛韦·H. 弗罗斯特（Holloway H. Frost）。尽管迪斯雷利说过很多睿智的话语，但这句话并不是其中的一句。

海军的传统不过就是甜酒、男色和鞭子

据说，当一位海军上将抗议说，为普通水手提供更好条件是"有违皇家海军传统"的时候，英国首相温斯顿·丘吉尔就给出了这句"海军的传统不过就是甜酒、男色和鞭子（Naval tradition? Nothing but rum, sodomy and the lash）"的回答。但是，根据丘吉尔中心于 2006 年春季出版的《最光辉的时刻》（*Finest Hour*）的文字内容，一次，丘吉尔的私人秘书安东尼·蒙塔古 - 布朗爵士（Sir Anthony Montague-Browne）与丘吉尔共进晚餐时，他"当面询问丘吉尔是否说过这句话"，丘吉尔回答说："我从没说过这句话，不过我希望这是我说的。"

据说，《哈罗德·尼科尔森日记：1919—1964 年》（*The Harold*

Nicolson Diaries: 1919-64）一书中，写于 1950 年 7 月 17 日的一篇日记里记录了这次对话，但是我所查阅的版本从 7 月 28 日直接跳到了 9 月 23 日，并且没有任何"甜酒、男色和鞭子"的字样。历史学家马丁·吉尔伯特（Martin Gilbert）在《寻找丘吉尔》（In Search of Churchill）一书中叙述说，有一次他出席了一场在芝加哥举行的夜晚招待会，席间他"绘声绘色地给大家讲了丘吉尔回复的故事（尽管我查阅的书中并没有出现），没有想到这次宴会的主人——一位已经退休的大使——严厉地制止了我，他说这个故事完全是假的"。吉尔伯特承认，他"被人当场抓到，感到十分羞愧，十分瞧不起自己给大家讲了一个未辨真假的故事"。

《牛津名言词典》（Oxford Dictionary of Quotations）则给出了这句话的可能的一个出处。海军部队有一句可以追溯至 19 世纪的俗语：在岸上，美酒、女人和唱歌；在船上，甜酒、狂饮和风琴。你尽可以大胆想象这是怎样一番情景。

无代表的纳税就是暴政

詹姆斯·奥蒂斯（James Otis）是 18 世纪的美国政治活动家。据说，1761 年，当他在一所波士顿法院质疑英国搜查证的合法性时，说出了这句"无代表的纳税就是暴政（Taxation without representation is tyranny）"，捍卫了美洲殖民地居民的权利。但是，休·罗森（Hugh Rawson）在《美国名言词典》（Dictionary of American Quotations）一书中指出，"尚不清楚奥蒂斯确切的话是什么"。保罗·F. 鲍勒在《他们从没有这么说过》一书中写道，"没有与奥蒂斯同时代的记录表明奥蒂斯说过这句话"，他还补充说，"1820 年，约翰·亚当斯（John Adams）才在一些注释中提起过这句话"。鲍勒认为亚当斯有可能"提炼了奥蒂斯观点的主要内容，而不是直接引用奥蒂斯的原话"。

奥蒂斯于 1764 年写成小册子《殖民地的权利》（*Rights of the Colonies*）。奥蒂斯在该册子中写道，"未经国王陛下的自治领地居民同意，不能向其征税"。罗森认为这句话与"无代表的纳税就是暴政"的含义最为接近。"无代表的纳税就是暴政"，这句话成了殖民地居民进行革命的战斗口号。殖民地居民似乎认为所有英国公民均有权选择英国国会议员。实际上，18 世纪中叶，只有拥有土地的英国男性才有权投票，全部加起来也只占总人口的 3%。直到 100 多年后的 1884 年，工人阶级才开始享有投票权。

我死之后，哪管洪水滔天

法国国王路易十五（King Louis XV of France）曾说："我们死之后，哪管洪水滔天（After us the flood）。"其意思一般是说，我们/我死后，我不关心或害怕去思考会发生什么。迪奥塞夫人（Madame du Hausset）在其 1824 年的《迪奥塞夫人回忆录》（*Mémoires*）一书中表示，这句话是路易十五最宠爱的情妇蓬帕杜尔夫人（Madame

法国国王路易十五

de Pompadour）所说。《女性传记词典》（*Dictionary of Women's Biography*）也认为"这句有名的话出自蓬帕杜尔夫人之口"。《牛津英文版外语词汇必备词典》（*The Oxford Essential Dictionary of Foreign Terms in English*）写道，"1757 年，普鲁士在罗斯巴赫（Rossbach）会战中大败法军"，于是蓬帕杜尔夫人说了这样一番话，预示了一个古老王朝的终结。

不过，有趣的是，这句话似乎也不是蓬帕杜尔夫人说的。约翰·法夸尔·肖（John Farquhar Shaw）在其作品《新名言词典》（*A New Dictionary of Quotations*）一书中表示，这句话最开始是一句古老的法国谚语。

第 14 章

不可信的主保圣人

英格兰的主保圣人圣乔治是英格兰人

　　目前尚不确定历史上有圣乔治（St George）其人。根据亨利·萨默森（Henry Summerson）在《牛津国家人物传记大辞典》撰写的词条，"无法确定历史上有圣乔治其人"。《大英百科全书》也说，"无法确定圣乔治的生平事迹和所作所为"。尽管这样，或者可能正是因为这样，圣乔治十分神秘，但是他的传奇形象还是留在了人们的心中。

　　《牛津圣人词典》（*Oxford Dictionary of Saints*）认为，"圣乔治有可能是个士兵，但是这一点也无法确定"。萨默森指出，浩兰（Hauran）——今叙利亚——的沙卡镇（Shaqqa）有一块 4 世纪的碑文，纪念"圣洁的殉教者圣乔治以及与他一起殉教的其他圣人"。他同时也认为，圣乔治有可能是一位基督徒，于公元 303 年被戴克里先皇帝迫害。

　　公元 7 或 8 世纪，乔治之名在英格兰广为人知。盎格鲁-撒克逊作家埃尔弗里克（Aelfric）在《埃尔弗里克圣人列传》（*Aelfric's Lives of the Saints*）一书中称，地中海地区流传着关于这位勇士圣人的真实生平，但是比较简短。埃尔弗里克写道，乔治是"卡帕多西亚（Cappadocia）地区一位富有的贵族，受到残酷的皇帝的统治"。埃尔弗里克的描写生动形象，他写道，乔治被下毒却没能被毒死、被绑到车轮上却没能被拖死、被投入沸腾的铅水中却没能被煮死，

圣乔治

所以邪恶的皇帝最后下令斩首处死了乔治。不过，这位皇帝的下场也没有好到哪儿去。皇帝在回家的路上，"突然天降大火，把皇帝烧死了……皇帝还未回到府邸，就先行去了地狱"。

（在未被斩首之前）有着金刚不坏之身的乔治在地中海东部地区的名声大噪。根据萨默森的说法，欧洲人觉得这个故事有点夸张，罗马教会则宣告尽管乔治的义举值得赞赏，但是"只有上帝知道他做了什么"。

13 世纪时，编年史家雅各·德·佛拉金在撰写《黄金传奇》（*Golden Legend*）时写道，乔治屠龙解救下了一位利比亚国王的女儿。乔治"杀死了龙，狠狠打了一下它的头"，所有人随后马上接受了洗礼。但是，龙是一种神秘生物，所以人们比较怀疑这个故事的准确性。

根据《大英百科全书》的内容，14 世纪早期，国王爱德华三世（King Edward III）"任命乔治为新成立的嘉德骑士团（Order of the Garter）的主保圣人"，因此乔治也成为了英格兰的主保圣人。15 世纪时，每个教堂都开始争抢这位勇士圣人的遗骸。萨默森说，"约克郡东赖丁（East Riding）的一个小奥古斯丁修道院称该院存放有圣乔治的一只手臂遗骨"。诺福克郡（Norfolk）诺威奇大教堂（Norwich Cathedral）的一座同业公会小教堂（Guild Chapel）称该教堂存放着另一只手臂遗骨。当然，我们不能忘了伯克郡温莎（Windsor）城堡的圣乔治教堂也说这里存放着圣乔治的手臂遗骨。费尔南多（Fernando）和焦亚·兰齐（Gioia Lanzi）在《圣人与其符号》（*Saints and Their Symbols*）一书中写道，圣乔治除了是英格兰的主保圣人，也是童子军、瘟疫和梅毒的主保圣人。圣乔治的确是个多面手，但是却并不是真正的英格兰人。

爱尔兰的主保圣人圣帕特里克是爱尔兰人

生活于公元 5 世纪的圣帕特里克（St Patrick）是英国人。圣帕特里克在其自传《忏悔录》（*Confession*）一书中说，他"出生于班拿文（Bannavem）的塔布尼亚（Taburniae）"。班拿文是地名，塔布尼亚有可能指的是塔布尼亚部落。克莱尔·斯坦克里夫（Claire Stancliffe）为《牛津国家人物传记大辞典》所提供的词条认为，帕特里克"出生的村庄有可能位于英国西南部，或者是距离切斯特（Chester）港口和索尔威湾（Solway Firth）不远的地方"。《大英百科全书》也认为帕特里克出生于"英国一个信仰天主教的地区"，《天主教百科全书》认为帕特里克有可能是苏格兰人，来自"登巴顿（Dumbarton）附近的基尔帕特里克（Kilpatrick）"。

圣帕特里克说，当他"大约 16 岁的时候"，他"和数千人一起被绑架到爱尔兰"。《天主教百科全书》称，"帕特里克的父亲卡尔普尔尼乌斯（Calpurnius）是当地的一位教会执事和一名小官。一伙儿爱尔兰袭击者袭击了卡尔普尔尼乌斯的住所，帕特里克被绑架到爱尔兰沦为奴隶。在爱尔兰，帕特里克成了一名牧人，过了 6 年惨淡的日子，随后坚定地信仰了天主教"。斯坦克里夫认为，帕特里克最后有可能流落在了"梅奥郡（County Mayo）基拉拉湾（Killala Bay）附近的一个农场上"。

帕特里克试着碰碰运气，希望可以坐上过往的船只逃跑。"几年之后，我和我的亲属们又相见了，他们把我当作他们自己的儿子，还说我经历了这么多苦难，以后再也不要离开他们了。"但是，他听到了要他重新

圣帕特里克

回到爱尔兰的召唤："我们祈求你，神圣的青年，请你回来，请你回到我们之中。"他回应了这个召唤，回到爱尔兰传教，几乎所有的爱尔兰人都皈依了基督教。

圣帕特里克除了是爱尔兰的主保圣人，据说他还帮助爱尔兰摆脱了蛇这种动物。《牛津简明基督教会词典》写道，"圣帕特里克站在山上……举起一根棍棒，赶着这群滑行动物向大海滑去，从此爱尔兰再也没有蛇出现"。该书证实直到今日"爱尔兰都没有蛇"，但是也承认"爱尔兰其实从未有过蛇"。洛厄尔·阿克曼博士（Dr Lowell Ackerman）在《爬行动物生物学、饲养学和医疗卫生》（*The Biology, Husbandry and Health Care of Reptiles*）一书中表示，所有的蛇"都在上一次大冰期时代（Great Ice Age）灭绝了，直到爱尔兰从欧洲大陆分离之后，蛇才重新繁殖起来"。

托马斯·贝克特英文名字的正确拼法为 Thomas à Becket。

被国王亨利二世（King Henry II）称为"胡闹的教士（turbulent

priest)"的托马斯·贝克特出生于伦敦一个商人家庭，曾先后担任大法官和大主教一职。亨利二世与贝克特曾是十分要好的朋友，但后来二人心生嫌隙。一次，亨利二世未经细想就喊道："谁能帮我摆脱这个胡闹的教士吗？"国王的手下见状就冲到贝克特的教堂里，用棍棒残忍地把贝克特杀害了。12 世纪的修道士爱德华·格里姆（Edward Grim）为了保护贝克特而手臂受伤。他于 1180 年写成《圣托马斯生平》（*Life of Saint Thomas*）一书。该书写道，国王真正说的是："我在自己的朝堂上培养和提携了如此卑鄙的寄生虫和叛徒，竟然让身为国王的自己被出身如此卑贱的教士污蔑！"这样听来，国王所说的更像是普通的哀叹之词，而不是要求进行血腥报复的命令。

杀人者有可能从未想过要把贝克特杀死。威廉·霍尔登·赫顿（William Holden Hutton）在其 19 世纪写成的《坎特伯雷的圣托马斯》（*St Thomas of Canterbury*）一书中写道，这群杀人者事后承认说，他们拽着他，"有可能是想在教堂外把他杀了，或者是把他带到监狱里"。但是，贝克特"不为他们的威胁所动"，直至最后惨死。

至于贝克特姓氏的英文正确拼法为 à Becket 还是 Becket，有人认为应该是 à Becket，后来当代的学者将他的姓氏拼写做了简化，简化成了 Becket。但是，H. 斯诺·登沃德（H. Snowden Ward）在《坎特伯雷朝圣》（*Canterbury Pilgrimages*）一书中说道，"没有与贝克特同时代的证据证明 à Becket 是其姓氏的正确拼法"。他说，"贝克特父亲名叫吉尔伯特·贝克特（Gilbert Becket），其姓氏的拼法为 Becket 或 Beket……吉尔伯特·贝克特的父亲来自法国鲁昂（Rouen），是来英国定居的诺曼移民者"。弗兰克·巴洛（Frank Barlow）在《托马斯·贝克特》（*Thomas Becket*）一书中也写道，"托马斯的爸爸吉尔伯特是法国诺曼人"，并认为"Beket"有可能是法语"bec"的昵称，一般指的是"鸟嘴（beak）"，但在诺曼地区也有"小河（beck）"或"小溪（brook）"的含义。

另外，巴洛还认为"没有证据表明吉尔伯特的儿子曾用过贝克特这个姓氏"，并补充说，"人们在使用这个名字的时候，有可能是为了嘲笑他出身不高贵"。他认为，贝克特"离开出生地后，就称自己为伦敦的托马斯（Thomas of London），一直到他在教堂担任要职后才又改成了贝克特"。F. 唐纳德·洛根（F. Donald Logan）在《中世纪教会史》（*A History of the Church in the Middle Ages*）一书中认可了巴洛的观点。该书写道，"当时只有三个称他为贝克特的记录。人们一般称他为伦敦的托马斯，托马斯大法官或托马斯大主教"。

巴洛认为，"宗教改革后，有可能是为了模仿托马斯·肯皮斯[1]（Thomas à Kempis）的名字"，才在 Becket 前加上"à"字母的。洛根也认为"à Becket"是"后来的模仿之作"。

这样看来，圣人托马斯本来就姓 Becket，只是后来被人为加上了一个颇有神秘色彩的字母"à"，而这一加就是几百年，而现在人们采用 Becket 这种拼法，只不过是使用最开始的拼法罢了。

1　托马斯·肯皮斯是文艺复兴时期的德国宗教作家。

亚历山大的圣凯瑟琳因磔轮之刑而殉教

我曾经问过我的母亲为什么轮转烟火要起名为凯瑟琳之轮（Catherine wheel），我的母亲告诉我因为圣凯瑟琳就是因车轮而殉教的。所以，我一直以为圣凯瑟琳是被绑到一个巨大的烟火上殉教的：这种殉教方法虽然十分痛苦，但的确是升入天堂的一种很壮观的方式。

据说，圣凯瑟琳生活于公元 4 世纪。《大英百科全书》说，有名的圣女贞德（Joan of Arc）称"凯瑟琳就是其中一位与自己讲话的神仙"。但是，大卫·休·法默（David Hugh Farmer）在《牛津圣人词典》一书中表示，"古代没有祭拜圣凯瑟琳的仪式，殉教史也没有关于她的早期记录，也没有以她为主题的早期艺术作品"。《大英百科全书》指出，"9 世纪之前，凯瑟琳的名字没有被提起过，也无法确定她是否确实存在过"。《天主教百科全书》引用了 18 世纪本笃会的多姆·笛福瑞斯（Dom Deforis）的看法，说许多与圣凯瑟琳有关的故事"都是假的"。《大英百科全书》也补充说，"1969 年，教会从其日历上移除了纪念圣凯瑟琳的节日"。法默说，"祭拜圣凯瑟琳的仪式起源于 9 世纪的西奈山（Mount Sinai）"，据说，在圣凯瑟琳殉教后，天使们把她的遗体带到了那里。

圣凯瑟琳甚至不是因为磔轮之刑而殉教的。根据传说，18 岁的凯瑟琳向罗马皇帝马克森提乌斯（Maxentius）控诉他迫害基督徒的行为。马克森提乌斯尝试让凯瑟琳皈依罗马教廷。根据某些版本的说法，已经娶妻的马克森提乌斯还试着让凯瑟琳嫁给他。凯瑟琳不仅没有皈依罗马教廷，还说服一些马克森提乌斯的学者信仰了基督教。据说，凯瑟琳也成功地令皇后皈依了基督教。马克森提乌斯下令用磔轮之刑处决凯瑟琳，并为此特意设计了一个尖刺轮。迈克尔·拉塞尔（Michael Russell）所写的《烟花化学》（*The Chemistry of Fireworks*）一书证实，这种刑罚道具就是轮转烟火"凯瑟琳之轮"的原型。

但是，《天主教百科全书》写道，"凯瑟琳一碰到轮子，轮子就神奇般地坏了"。法默也认为"这个轮子爆裂开来，伤到了周围的人"。米开朗基罗绘于西斯廷教堂的《最后的审判》（*Last Judgement*）一画中，凯瑟琳四肢发达，手里挥舞着一片断了的尖刺轮。原画中的凯瑟琳是赤裸身体的。但是。1559年，教皇保禄四世（Pope Paul IV）与昵称为"画裤子的（The Breeches Maker）"丹尼尔·达·伏尔特拉（Daniele da Volterra）签订合约，要求为凯瑟琳画上一条绿色裙子。马克森提乌斯一心要处死坦率的凯瑟琳，所以"凯瑟琳最后被斩首"。

14世纪时，凯瑟琳之轮形状的胸针在女性之间十分流行。即便是现在，你也可以买到这样的胸针，上面有看起来杀气腾腾的尖条。多么吸引人的首饰啊。

圣凯瑟琳

第 15 章

虚虚实实的宗教人物

女教皇琼安

据传，12 世纪的教皇琼安（Pope Joan）是一位来自英国的主教。有一次，教皇琼安正要上马，一不小心在街上生出了孩子，直到那时人们才知道她的真实性别。甚至《大英百科全书》也收录了一个关于她的词条。该词条说，教皇琼安是一位"传奇性的女主教。公元855 年至 858 年期间的 25 个多月内，教皇琼安以教皇若望八世（John VIII）的名义统治整个教廷"。《天主教百科全书》表示，"14、15 世纪时，人人都相信教皇琼安的故事，当时这位女教皇已经被看作是一个历史人物，没有人质疑她的真实性"。的确，"锡耶纳主教座堂（Siena Cathedral）教皇半身像中就有教皇琼安的半身像"。

13 世纪多米尼加编年史家让·德·马伊（Jean de Mailly）在其作品《梅斯纪事》（*Chronica Universalis Mettensis*）中提到了这位女教皇，这是关于这位女教皇的第一个记录。让·德·马伊在说到女教皇的事业发展时写道，"教皇女扮男装，是个品行端正、很有才华的人。她先被提拔为教廷秘书，随后又担任红衣主教，之后成了教皇"。德·马伊告诉我们，"有一天，当她正在上马的时候，她生了孩子"。不幸的教皇琼安不仅没有得到良好的照顾，也没有喝上一口茶。她的"双脚被绑到马的尾巴上，一连被马拖着跑了半里格（约 4.8 千米），路上还被人用石头砸"。教皇琼安死后，人们埋了她，并在被埋的地方刻上了这样的铭文：*Petre, Pater Patrum, Papisse Prodito Partum*。《教皇琼安之谜》（*The Myth of Pope Joan*）一书的作者阿兰·布罗（Alain Boureau）将这句话翻译为：彼得啊，教皇啊，请惩罚分娩的女教皇吧！

与德·马伊同时代的编年史家奥帕瓦的马丁（Martin of Troppau）在其作品《教皇和皇帝的大事记》（*Chronicon Pontificum et Imperatum*）中将这位女教皇称为"若望（John）"（一般都将其称为琼安）。"她还是少女的时候，她的某一位情人将身穿男装的她带到雅典"，他继续写道，"若望被选为教皇……之后她怀孕了……从圣彼得大教堂出发在前往拉特兰教堂（Lateran）的路上时，她在位于圆形大剧场和圣克莱门特教堂（St Clement's church）之间的一个窄巷子里生下了一个孩子"。奥帕瓦的马丁告诉我们，不幸的琼安死后"没能入选神圣主教的名单，因为她是一位女性，并且犯下了如此大的罪孽"。

据称，15 世纪时，新教皇登基所用的大理石椅子是一把古时洗浴时所用的椅子，椅子中央有一个洞，以确保教皇是男儿身。但实际上，这把古老的椅子早在教皇琼安统治之前就已经使用了。

至于教皇琼安是否真实存在，

教皇琼安

布罗表示"她从来没有存在过"。教会历史学家 J. N. D. 凯利（J. N. D. Kelly）在《牛津教皇词典》（*Oxford Dictionary of Popes*）一书中写道，"没有所谓女教皇统治期间的证据"。凯利认为女教皇的故事起源于"一个古老的罗马民间故事"。《天主教百科全书》引用了教会历史学家恺撒·巴罗尼斯（Caesar Baronius）的看法。他认为"教皇若望八世比较阴柔"，这有可能是女教皇故事出现的原因。他同时还提到佛提乌（Photius of Constantinople）"特意称呼教皇若望八世为'男子气概的教皇'，就好像他想让教皇变得阳刚起来"。

还有另外一种说法：《天主教百科全书》引用了 19 世纪历史学学者、神学学者约翰·约瑟夫·弗朗茨·冯·多林格（Johann Joseph Ignaz von Dollinger）的看法及其著作《教皇寓言》（*Pope Fables*）一书的内容。该书说，16 世纪时，人们在大剧场附近发现了一座古老的雕像，描绘的是一位带着孩子的女性形象。人们一般认为这是一位女教皇的雕像。在发现雕像的同一条街上，人们发现了开头为 Pap. pater partum 的铭文，这与德·马伊的故事联系在了一起。这个铭文有可能是女教皇的意思。这位女教皇的故事也许可以为这座神秘的雕像和附近的铭文提供解密的背景吧。

教皇本笃九世 12 岁就当上了教皇

11 世纪的教皇本笃九世
（Pope Benedict IX）臭名昭
著，但是并不是因为我们所以
为的理由。J.N.D. 凯利在《牛
津教皇词典》一书中写道，本
笃九世"并不是像后世传言的
那样，在 10 岁或 12 岁时就登
基了，其实他登基的时候已经
二十七八岁了"。《天主教百科

教皇本笃九世

全书》认为，本笃九世登基的时候"大约 20 岁"。本笃九世的传说
从他年轻的时候就开始流传了。邋里邋遢的 11 世纪本笃会编年史家
拉杜弗斯·格拉贝（Radulfus Glaber）在其著作《基督教会史：卷四》
（*History of the Christian Church, Volume IV*）一书中称，"一个年仅 10
岁或 12 岁的男孩以本笃九世的名义登上了教皇宝座"。1032 年，本
笃九世登基时，格拉贝大约 50 岁。也许格拉贝认为，所有位居要职
的年轻人都比看起来的还要年轻。

本笃九世也许不是史上最年轻的教皇，但是他曾三次加冕担任教
皇。有人称，本笃九世还是唯一一位出售过自己教皇宝座的教皇。

这个故事是这样的：1032 年，本笃九世的叔叔教皇若望十九世（Pope John XIX）去世，本笃九世的父亲，亦即统治意大利的图斯库拉尼家族（Tusculan family）的族长阿尔贝里克三世（Alberic III）"出钱行贿……顺利地把自己的儿子捧上教皇宝座，称本笃九世"。凯利说，即便考虑到各种夸张的说法，本笃九世的行为举止也称得上是"残暴荒淫，令人愤慨"的，与教皇应有的行为举止不符。《天主教百科全书》也认为，本笃九世"玷污了教皇圣座"。本笃九世在自己的第二任任期内，"曾宣布退位，让其义父约翰·格拉提安（John Gratian）当选新任教皇，称'教皇额我略六世（Pope Gregory VI）'"。

有人认为，教皇本笃九世出售其教皇职务是因为他民望极低，或者是因为他想娶妻成婚，但是他的继任者"需要筹集一大笔钱"，才会得到教皇的宝座。《天主教百科全书》说本笃九世后来"反悔了"，想重新成为教皇的本笃九世试着废黜额我略六世。这场斗争的结果是，1046 年，新的教皇克勉二世（Clement II）登基。《大英百科全书》说，克勉二世于 1 年之后去世，"本笃九世重返罗马，第三次登上教皇宝座"，上演了帽子戏法。1048 年，本笃九世被逐出罗马，教皇达马苏斯二世（Damasus II）继位。

历史上最年轻的教皇是公元 10 世纪的教皇若望十二世（John XII）。他于 955 年登基，当时年仅 18 岁。但是本笃九世却一直是最唯利是图的教皇之一。

"大卫之星"是古老的犹太教符号

大卫之星（The Star of David）也被称为"大卫之盾（Shield of David）"或"大卫盾（*magen* David）"，是一个由两个等边三角形交叉重叠组成的六芒星。大卫之星的起源目前仍是未知的，直到 19 世纪，世界各地才把这个标志当作犹太教的标志。《麦克米伦百科全书》认为，"这个标志在古时就被作为装饰或具有魔力的符号而被广泛使用了"。《世界宗教百科全书》（*Encyclopedia of World Religions*）也认为，这个标志"没有《圣经》或《犹太法典》的含义"。

《犹太教百科全书》（*The Jewish Encyclopedia*）也表示，"犹太教典籍中并没有提到大卫盾"，还补充说，这个标志"最初有可能是犹太教会堂的一个装饰，比如位于勃兰登堡（Brandenburg）、施滕达尔（Stendal）的教堂和汉诺威市的集市教堂（Marktkirche cathedral）上都有这个标志"。拉比 [1]（Rabbi）西蒙·格拉斯特姆（Simon Glustrom）在《犹太教的神话与现实》（*The Myth and Reality of Judaism*）一书中写道，"尽管大多数犹太教会堂内外都有大卫之星的符号，但是这个符号只是一种艺术形式，没有任何特别的宗教意义。它唯一的目的就是为了表明这个建筑物是个犹太教会堂。"

格拉斯特姆认为，1354 年，这一符号首次与犹太教联系在了一

1　拉比，是犹太教的一个称谓，并非人名。

起。当时，神圣罗马皇帝查理四世（King Charles IV）"允许布拉格
（Prague）的犹太教团体有自己的旗帜（这面旗帜上有这一符号）。
在后来的文字记录中，这一旗帜被称为'大卫王之旗（King David's
Flag）'"。据传，大卫王的盾牌上有这样一个符号，所以就选择了
这个符号作为标志。《麦克米伦百科全书》补充说，17 世纪时，人们
一般认为大卫之星是犹太教的符号，《世界宗教百科全书》表示，"19
世纪时，几乎世界各地的所有犹太人都使用这个符号，作为犹太教的
象征"。格拉斯特姆也证实，1948 年爆发的犹太复国主义运动中，犹
太人将这一符号"放在了以色列国旗上"。

部分参考文献

保罗·F.鲍勒，《他们从没有这么说过：假名人名言、错误引用和张冠李戴的错误》（牛津大学出版社，1990）

阿萨·布里格斯（编），《20世纪名人录》（牛津大学出版社，1999）

约翰·坎农（编），《牛津英国历史指南》（牛津大学出版社，2003）

彼得·查丁顿，《货真价实：怪异英语词典》（Icon出版社，2005）

I.C.B.迪尔、M.R.D.富特（编），《牛津第二次世界大战指南》，（牛津大学出版社，2001）

大卫·休·法默，《牛津圣人词典》（牛津大学出版社，2004）

R.甘博斯，《蝴蝶化羽：历史逸事研究》（Vanguard出版社，2006）

D.詹姆斯·哈特、菲利普·W.莱宁格，《牛津美国文学指南》（牛津大学出版社，2002）

J.L.海尔布伦（编），《牛津现代科学史指南》（牛津大学出版社，2003）

理查德·霍姆斯（编），《牛津军事史》（牛津大学出版社，2004）

《哈钦森百科全书》（Helicon出版社，2005）

J.N.D.凯利、迈克尔·沃尔什，《牛津教皇词典》（牛津大学出版社，2006）

伊丽莎白·诺尔斯（编），《牛津名言词典》（牛津大学出版社，2005）

伊丽莎白·诺尔斯（编），《牛津英语短语和寓言词典》（牛津大学出版社，2006）

E.A. 利文斯顿（编），《牛津简明基督教会词典》（牛津大学出版社，2006）

《麦克米伦百科全书》（Market House 出版社，2003）

《牛津国家人物传记大辞典》（牛津大学出版社，2001）

《牛津美国军事必备词典》（牛津大学出版社，2001）

《企鹅女性传记词典》（企鹅出版社，1998）

《菲利普世界百科全书》（Octopus 出版社，2003）

艾德·雷纳、罗恩·斯塔普利，《揭秘历史：152个有名传说的真相》（Sutton 出版社，2002）

杰奎琳·辛普森、史蒂夫·劳德，《英国民间传说词典》（牛津大学出版社，2000）

詹妮弗·厄洛洛、弗朗西斯·辛顿（编），《女性传记词典》（麦克米伦出版社，1998）